Finanzas para Emprendedores

Introducción

• Propósito del libro

El propósito de este libro es dotar a los emprendedores de una comprensión clara, accesible y profunda de los conceptos financieros fundamentales. Este conocimiento es esencial para navegar los desafíos financieros que todo negocio presenta, desde su creación hasta su crecimiento y madurez. La mayoría de las personas que desean emprender lo hacen impulsadas por una visión, una pasión o una idea innovadora. Sin embargo, muchas veces, el entusiasmo por la creación y el desarrollo de una empresa se encuentra con obstáculos cuando es necesario entender y gestionar las finanzas de manera estratégica. A menudo, los términos financieros y los principios contables pueden parecer complejos, lejanos, incluso intimidantes. Pero en realidad, los conceptos financieros esenciales pueden ser comprendidos de forma sencilla y aplicados sin necesidad de una formación avanzada.

Este libro tiene como propósito simplificar esos conceptos y mostrarlos de una forma práctica y asequible, para que cualquier persona, sin importar su experiencia previa, pueda tomar decisiones informadas y seguras. Entender las finanzas no se trata simplemente de manejar números; se trata de comprender cómo cada decisión afecta el destino del negocio, su viabilidad, su estabilidad y su potencial de crecimiento. Para cualquier emprendedor, saber leer, interpretar y aplicar principios financieros le permitirá no solo controlar el flujo de dinero dentro de su empresa, sino también prever problemas, evaluar riesgos, y aprovechar oportunidades que, de otro modo, podrían pasar desapercibidas.

Al dominar los fundamentos financieros, los emprendedores estarán mejor preparados para prever los costos, proyectar ingresos, y equilibrar sus gastos de manera eficiente. La buena gestión financiera es la base sobre la cual un negocio puede sostenerse, adaptarse y prosperar. Es, en definitiva, el lenguaje mediante el cual el negocio se comunica con su entorno. Comprender y hablar este idioma les permitirá a los emprendedores saber con claridad cuándo es el momento adecuado para invertir, cuándo es prudente reducir gastos, o cuándo una estrategia de crecimiento es viable o arriesgada. Así, el objetivo de este libro no es solo dotar de conocimiento, sino también cultivar la seguridad necesaria para que cada decisión financiera sea un paso firme hacia el éxito y la sostenibilidad de la empresa.

Además, este libro se propone desmitificar las finanzas. Lejos de ser un área exclusiva para expertos, la gestión financiera puede convertirse en una herramienta al alcance de cualquier emprendedor. Esta guía busca descomponer los términos técnicos, las métricas y los análisis en pasos claros y comprensibles, liberando al lector de las barreras del lenguaje financiero y acercándolo a una comprensión directa y útil de cómo estos conocimientos se aplican a situaciones cotidianas en el mundo de los negocios. Esta simplicidad no es una reducción de la importancia o la complejidad de las finanzas, sino un medio para hacer accesible una ciencia que, bien entendida, puede transformar la forma en la que un negocio se enfrenta a sus retos y oportunidades.

Por lo tanto, el propósito de este libro es ser un recurso práctico, donde cada concepto esté acompañado de ejemplos y escenarios aplicables, guiando al lector a través de situaciones reales que ilustran la importancia de las decisiones financieras en todas las etapas del emprendimiento. Este enfoque no solo facilita el aprendizaje, sino que también busca que el emprendedor adopte una mentalidad estratégica frente a las finanzas. Más allá de comprender términos, lo que se busca es que el lector internalice la manera en que las decisiones financieras afectan la estructura y el desarrollo de su negocio a largo plazo, preparándolo para liderar de manera informada, estratégica y sostenible.

Importancia de la educación financiera para emprendedores

La educación financiera es crucial para los emprendedores, no solo porque facilita el entendimiento de las operaciones de un negocio, sino porque afecta profundamente la manera en que un proyecto emprendedor puede sostenerse y crecer. Uno de los principales factores que llevan al éxito o al fracaso de un emprendimiento es la habilidad del emprendedor para manejar sus finanzas de manera integral. La educación financiera permite entender cómo cada gasto, cada inversión y cada decisión impacta en la estabilidad y en las proyecciones a futuro del negocio, ya sea en sus etapas iniciales, de crecimiento o madurez. Es un hecho que muchos emprendedores comienzan sus negocios motivados por una idea brillante o una pasión, pero sin el conocimiento financiero necesario, lo cual puede llevar a problemas graves que, en algunos casos, terminan por desbordar y acabar con el emprendimiento.

Uno de los aspectos más importantes a comprender es que las finanzas personales y las finanzas empresariales no están separadas, sino interconectadas en múltiples niveles. Un emprendedor es quien toma las decisiones sobre los recursos de su negocio, pero también sobre sus propios recursos personales, y muchas veces, la estabilidad de un proyecto depende de una administración sólida y consciente en ambas áreas. Por ejemplo, cuando un emprendedor no tiene control sobre sus gastos personales, es muy probable que esto afecte su capacidad de reinvertir en el negocio o de solventar momentos de poca liquidez en su empresa. De igual forma, si las finanzas personales son inestables, cualquier situación adversa en el negocio puede intensificar esos problemas, afectando incluso la vida personal del emprendedor y viceversa. Es un equilibrio constante, donde cada parte influye y depende de la otra, y es por ello que la educación financiera es tan importante: permite mantener un control de ambas dimensiones.

A menudo, los emprendedores sienten la tentación de utilizar fondos personales para resolver problemas de flujo de caja en su negocio o, al contrario, recurren a los recursos de su empresa para cubrir gastos personales. Aunque esto puede parecer una solución fácil en el corto plazo, a la larga puede crear confusión, desorden contable y, en el peor de los casos, pérdidas que se vuelven difíciles de recuperar. La educación financiera ayuda a establecer límites claros entre las finanzas personales y empresariales, enseñando técnicas y estrategias para gestionar ambas sin comprometer ninguna. Así, un emprendedor con buena educación financiera sabe cómo aprovechar sus recursos personales para apoyar su negocio de manera controlada y sabe cómo reinvertir en su empresa sin poner en riesgo su estabilidad personal.

A través de la educación financiera, los emprendedores también aprenden a interpretar indicadores de salud financiera tanto en sus vidas personales como en sus negocios, lo cual les da una visión completa de su situación económica. Esta comprensión profunda les permite planificar y proyectar, no solo para cumplir con las obligaciones financieras actuales, sino para asegurar que tanto sus finanzas personales como las del negocio se encuentren alineadas con sus objetivos a largo plazo. Sin una formación sólida en finanzas, es común que los emprendedores se enfrenten a decisiones difíciles o comprometedoras. Con educación financiera, sin embargo, un emprendedor puede evaluar las distintas alternativas y tomar decisiones informadas que optimicen los resultados para ambas partes.

Así, la importancia de la educación financiera radica en su capacidad de dotar a los emprendedores de herramientas para ver su negocio y sus finanzas personales como un todo armónico e interdependiente. Esta visión amplia y fundamentada en datos permite a los emprendedores anticipar problemas, evaluar riesgos y tomar decisiones estratégicas que contribuyen a la viabilidad del negocio. La educación financiera, en suma, no solo mejora la gestión empresarial, sino que también fortalece la seguridad y estabilidad personal del emprendedor, creando una base sólida para el éxito y la sostenibilidad de su proyecto.

Capítulo 1: Fundamentos Financieros

• Conceptos básicos

Comprender los conceptos básicos de las finanzas es esencial para cualquier emprendedor, ya que son la base sobre la cual se construye la estructura financiera de un negocio. Estos conceptos, aunque parezcan simples, se interrelacionan y afectan directamente la salud financiera y la sostenibilidad de cualquier proyecto. Aquí exploramos en profundidad qué significan y por qué son vitales.

Ingresos

Los ingresos representan el dinero que entra al negocio a través de la venta de productos, servicios, inversiones u otras fuentes de financiamiento. Son el flujo de entrada que impulsa el negocio y permite cubrir los gastos, pagar deudas y generar beneficios. Los ingresos son como el combustible del negocio; sin ellos, el proyecto no puede operar. Pero más allá de ser solo un número, los ingresos reflejan la capacidad del negocio para atraer y retener clientes, lo que a su vez habla de la calidad del producto o servicio ofrecido. Para un emprendedor, entender los ingresos implica no solo saber cuánto dinero ingresa al negocio, sino también cómo, cuándo y por qué. Analizar los ingresos de manera continua permite identificar patrones, adaptar la estrategia de ventas y optimizar el flujo de caja.

Gastos

Los gastos son todos aquellos desembolsos que el negocio realiza para operar. Estos incluyen desde costos directos de producción hasta gastos indirectos como el alquiler de oficinas, los salarios de los empleados y los pagos de servicios. Los gastos suelen dividirse en fijos y variables. Los gastos fijos, como el alquiler o los servicios de internet, son aquellos que no dependen del volumen de ventas, mientras que los gastos variables, como los materiales de producción, fluctúan con la actividad del negocio. Los gastos son un componente esencial del balance financiero, y mantenerlos bajo control es crucial para asegurar la rentabilidad del negocio. Un exceso de gastos puede erosionar rápidamente los ingresos y llevar a problemas de flujo de caja. Por esta razón, un emprendedor debe tener una visión clara de sus gastos y establecer un control riguroso para optimizar recursos y reducir costos innecesarios sin afectar la calidad de su producto o servicio.

Beneficios

El beneficio es la diferencia entre los ingresos y los gastos; es lo que queda después de cubrir todos los costos. Este resultado positivo no solo representa el éxito financiero del negocio, sino que también es una medida de su eficiencia y competitividad. Sin beneficios, un negocio no puede sostenerse en el tiempo, ya que estos son necesarios para reinvertir, expandirse y mejorar su posición en el mercado. Existen dos tipos principales de beneficios: bruto y neto. El beneficio bruto es el resultado de restar los costos de producción de los ingresos generados por las ventas. El beneficio neto, en cambio, es lo que queda después de restar todos los gastos operativos, impuestos y otras deducciones del beneficio bruto. Comprender estos dos tipos de beneficios permite a los emprendedores evaluar la rentabilidad real de su negocio y hacer ajustes estratégicos en costos, precios o inversión para optimizar resultados.

Activos

Los activos son todos los recursos que el negocio posee y que tienen un valor económico. Pueden ser físicos, como maquinaria, inventario o edificios, o intangibles, como patentes y marcas. Los activos se dividen generalmente en dos categorías: activos fijos y activos circulantes. Los activos fijos son aquellos que se mantienen en el negocio a largo plazo, como inmuebles o equipo de producción, mientras que los activos circulantes son aquellos que se transforman rápidamente en efectivo, como el inventario o las cuentas por cobrar. Los activos representan la fortaleza económica del negocio, y su valor puede influir en la capacidad del emprendedor para obtener financiación, hacer inversiones o cubrir deudas. Gestionar y mantener los activos en buen estado es fundamental para garantizar la operatividad y el crecimiento a largo plazo del negocio.

Pasivos

Los pasivos representan todas las obligaciones financieras que el negocio debe a terceros, es decir, las deudas. Estos pueden incluir desde préstamos bancarios hasta cuentas pendientes con proveedores. Al igual que los activos, los pasivos se clasifican en dos categorías principales: a corto plazo y a largo plazo. Los pasivos a corto plazo son aquellos que deben ser pagados en un plazo inferior a un año, como facturas de proveedores o salarios pendientes. Los pasivos a largo plazo, en cambio, son aquellos cuya fecha de pago excede el año, como hipotecas o préstamos a largo plazo. Los pasivos son una parte inevitable de muchos negocios, especialmente en sus primeras etapas, cuando el financiamiento externo es necesario para cubrir gastos iniciales. Sin embargo, es crucial que el emprendedor mantenga un equilibrio entre sus activos y pasivos para evitar problemas de liquidez y sobreendeudamiento. La gestión de los pasivos es clave para mantener la estabilidad financiera y asegurar que el negocio pueda cumplir con sus compromisos financieros.

Patrimonio

El patrimonio es la diferencia entre los activos y los pasivos del negocio; representa la parte de los activos que realmente pertenece a los propietarios después de cubrir todas las deudas. En otras palabras, es la "riqueza neta" del negocio. Si el patrimonio es positivo, significa que los activos superan a los pasivos, lo cual es una señal de solidez financiera. Si es negativo, indica que el negocio tiene más deudas que recursos, lo que puede ser una señal de problemas financieros. El patrimonio es una medida de la salud financiera y del valor del negocio para sus propietarios. A medida que el negocio crece y genera beneficios, el patrimonio también debería incrementarse, lo que, a su vez, ofrece mayor seguridad y flexibilidad financiera para el futuro.

Estos conceptos básicos —ingresos, gastos, beneficios, activos, pasivos y patrimonio— son fundamentales para comprender la situación financiera del negocio. Juntos, proporcionan una imagen completa de la estabilidad, la rentabilidad y las perspectivas a futuro de la empresa. Con una comprensión clara de cada uno de estos elementos, el emprendedor puede tomar decisiones informadas, optimizar sus recursos y construir una base sólida para el éxito financiero de su negocio.

Diferencia entre flujo de caja y beneficio

La diferencia entre flujo de caja y beneficio es fundamental en el ámbito financiero, y entender esta distinción puede marcar la diferencia entre el éxito y el fracaso de un negocio. Aunque ambos términos pueden parecer similares, en realidad representan dos aspectos distintos de las finanzas de un negocio. No solo se trata de cuánto dinero "gana" un negocio, sino de cuándo y cómo ese dinero está disponible para cubrir gastos y mantener la operación activa. Aquí profundizamos en esta diferencia y en la importancia crucial de la liquidez en el día a día de una empresa.

El **flujo de caja** hace referencia al movimiento de dinero dentro y fuera del negocio en un período determinado. Es el efectivo que el negocio recibe o paga, y refleja la liquidez real con la que cuenta para operar. A través del flujo de caja, un emprendedor puede ver cuánto dinero está entrando y saliendo mes a mes, lo que permite anticiparse a posibles problemas de liquidez y tomar decisiones oportunas para solventarlos. Tener un flujo de caja positivo significa que, en promedio, el negocio está recibiendo más dinero del que está gastando, lo cual es una señal de estabilidad. En cambio, un flujo de caja negativo puede indicar problemas, especialmente si se prolonga, ya que muestra que el negocio podría tener dificultades para cubrir sus gastos básicos y compromisos financieros.

El **beneficio**, por otro lado, es el dinero que queda después de restar todos los costos y gastos de los ingresos obtenidos por el negocio. Este concepto, aunque relacionado con el éxito financiero, no necesariamente refleja la liquidez inmediata de la empresa. Un negocio puede ser muy rentable en papel, pero si sus ventas no se convierten en efectivo rápidamente, o si las cuentas por cobrar se acumulan, podría tener problemas para cubrir sus gastos operativos. El beneficio suele calcularse en periodos específicos, como mensualmente o trimestralmente, y, aunque es un indicador de éxito a largo plazo, no garantiza que el negocio cuente con efectivo suficiente para hacer frente a sus obligaciones cotidianas.

Liquidez y su importancia para el negocio

La **liquidez** es la capacidad de un negocio para disponer de efectivo en el momento en que lo necesita. En términos simples, representa la facilidad con la que una empresa puede pagar sus cuentas en el corto plazo, como salarios, alquiler, facturas de proveedores, o cualquier otro gasto operativo. La liquidez no se refiere necesariamente a los beneficios del negocio, sino a tener dinero disponible para responder rápidamente a las demandas financieras diarias. La falta de liquidez, incluso en negocios rentables, puede llevar a dificultades graves e incluso a la quiebra. Sin un flujo de efectivo adecuado, el negocio podría retrasarse en sus pagos, lo que afectaría su reputación, relaciones comerciales y podría impedirle reinvertir en su propio crecimiento.

Uno de los mayores errores que pueden cometer los emprendedores es asumir que, si el negocio es rentable en términos de beneficios, automáticamente es también líquido. Muchos negocios rentables enfrentan crisis de liquidez, especialmente aquellos en crecimiento que tienen que reinvertir constantemente en inventario, infraestructura o empleados. Por ejemplo, una empresa de producción puede vender muchos productos y lograr altos beneficios, pero si sus clientes tienen plazos de pago extensos, el efectivo puede tardar semanas o meses en entrar. Durante este periodo, el negocio todavía necesita cubrir sus gastos. Si no cuenta con reservas de efectivo o alternativas de financiamiento, podría enfrentarse a una falta de liquidez que, en el peor de los casos, pondría en peligro su operación y su continuidad.

La liquidez también permite que el negocio tenga **flexibilidad y capacidad de respuesta** ante oportunidades o crisis. Un negocio con un buen flujo de caja puede aprovechar descuentos por pronto pago, responder a demandas inesperadas del mercado o realizar inversiones estratégicas que lo ayuden a crecer. Por el contrario, una falta de liquidez restringe esta capacidad y puede llevar a decisiones apresuradas o costosas, como recurrir a préstamos a corto plazo con altos intereses.

Así, tener liquidez es uno de los elementos más críticos para la viabilidad de un negocio, y su importancia no debe subestimarse. Un emprendedor que entienda la diferencia entre flujo de caja y beneficio, y priorice mantener la liquidez en su negocio, estará en una posición mucho más sólida para enfrentar desafíos, aprovechar oportunidades y asegurar el éxito a largo plazo.

Introducción a los estados financieros básicos

Los estados financieros básicos son herramientas esenciales que proporcionan una imagen detallada de la situación financiera de un negocio. Con ellos, los emprendedores pueden evaluar la rentabilidad, liquidez y estructura financiera de su empresa, lo que les permite tomar decisiones informadas. Los tres principales estados financieros son el **Balance General**, el **Estado de Resultados** y el **Flujo de Efectivo**, cada uno con una función específica y complementaria en el análisis de la situación económica de la empresa.

Balance General

El balance general, también conocido como estado de situación financiera, muestra una "fotografía" de los activos, pasivos y patrimonio de la empresa en un momento específico. Esta estructura refleja la ecuación fundamental de la contabilidad: **Activos = Pasivos + Patrimonio**. Los activos representan todos los recursos que la empresa posee y que tienen valor económico, como efectivo, inventario, equipos y propiedades. Los pasivos incluyen todas las deudas y obligaciones financieras que la empresa debe a terceros, desde cuentas por pagar a préstamos bancarios. El patrimonio es la parte de los activos que realmente pertenece a los propietarios después de restar todos los pasivos. A través del balance general, el emprendedor puede analizar la estabilidad financiera de su empresa y evaluar si tiene más recursos (activos) que deudas (pasivos), lo que se traduce en una mayor solidez financiera.

Estado de Resultados

El estado de resultados, también llamado estado de pérdidas y ganancias, muestra el desempeño financiero de la empresa durante un periodo específico, como un trimestre o un año. Este estado financiero refleja los **ingresos, gastos y beneficios o pérdidas** generadas en el negocio. Al observar los ingresos obtenidos por las ventas y restarles los costos de operación y demás gastos, el emprendedor obtiene una visión clara de la rentabilidad de su negocio. Este documento es vital para entender cómo el negocio está generando ganancias o si, por el contrario, está operando en pérdida. Además, el estado de resultados permite identificar áreas donde los costos pueden reducirse o donde es posible mejorar los márgenes de beneficio. Es un indicador clave para evaluar la eficiencia operativa y la sostenibilidad del negocio.

Estado de Flujo de Efectivo

El estado de flujo de efectivo detalla cómo se mueve el dinero dentro y fuera de la empresa durante un período. A diferencia del estado de resultados, que puede mostrar beneficios pero no necesariamente liquidez inmediata, el flujo de efectivo ofrece una visión clara de la disponibilidad de efectivo en el negocio. Este estado se divide en tres actividades principales: **operativas, de inversión y de financiamiento**. Las actividades operativas incluyen las transacciones principales del negocio, como ingresos por ventas y pagos a proveedores. Las actividades de inversión reflejan el efectivo utilizado para adquirir activos o vender inversiones, mientras que las actividades de financiamiento muestran el efectivo obtenido o pagado en forma de deudas y aportaciones de los propietarios. El flujo de efectivo permite identificar problemas de liquidez, gestionar el efectivo de manera efectiva y asegurar que el negocio cuente con fondos suficientes para sus operaciones y futuros proyectos.

Estos tres estados financieros proporcionan una visión integral y detallada de la situación financiera del negocio. Analizarlos y entenderlos permite a los emprendedores no solo monitorear la salud financiera de su empresa, sino también anticiparse a posibles problemas y tomar decisiones estratégicas informadas. Juntos, el balance general, el estado de resultados y el flujo de efectivo son herramientas imprescindibles que, cuando se utilizan correctamente, pueden transformar la administración y el futuro de un negocio.

Capítulo 2: Presupuestos y Planificación Financiera

• Creación de un presupuesto inicial para el negocio

La creación de un presupuesto inicial es un paso fundamental para cualquier emprendedor que desee establecer una base financiera sólida y proyectar los recursos necesarios para el éxito de su negocio. Un presupuesto permite planificar el dinero que se necesitará para lanzar y operar el negocio, así como anticipar los gastos y calcular el punto de equilibrio. Para crear un presupuesto inicial efectivo, es crucial comprender y calcular dos tipos de costos: **costos fijos** y **costos variables**.

Costos Fijos

Los costos fijos son aquellos gastos que permanecen constantes, independientemente del nivel de producción o de las ventas del negocio. Estos costos son necesarios para el funcionamiento básico de la empresa y deben pagarse regularmente, ya sea que el negocio genere ingresos o no. Ejemplos comunes de costos fijos incluyen el alquiler de un local, los salarios de empleados permanentes, servicios públicos básicos, seguros, pagos de préstamos y cualquier suscripción o servicio que el negocio requiera para operar de manera continua. Estos gastos pueden representar una carga significativa en las primeras etapas del negocio, cuando los ingresos aún no son constantes, por lo que es esencial incluirlos en el presupuesto desde el inicio para evitar sorpresas financieras. Conocer los costos fijos ayuda al emprendedor a proyectar los gastos mínimos que debe cubrir cada mes, lo que proporciona una base para calcular los ingresos necesarios y establecer un plan de ventas realista.

Costos Variables

A diferencia de los costos fijos, los costos variables fluctúan en función del nivel de actividad del negocio. Estos costos están directamente relacionados con la producción de bienes o servicios, por lo que aumentan o disminuyen según el volumen de ventas. Ejemplos de costos variables incluyen la compra de materia prima, el empaque de productos, comisiones de venta, costos de envío, entre otros. Para calcular los costos variables en el presupuesto, el emprendedor debe considerar la cantidad de productos o servicios que planea ofrecer y estimar los costos unitarios de cada uno. Este análisis permitirá calcular cuánto costará producir cada unidad y proyectar los gastos en función de las metas de ventas. Los costos variables son más fáciles de ajustar en situaciones difíciles, ya que al reducir la producción también se reducen estos gastos, lo cual otorga una mayor flexibilidad para adaptarse a las condiciones del mercado.

Cálculo de Costos Fijos y Variables

Para realizar un cálculo efectivo de costos fijos y variables en el presupuesto inicial, el emprendedor debe hacer una lista detallada de todos los gastos asociados con la operación de su negocio. Es importante ser exhaustivo y considerar todos los gastos, incluso los más pequeños, ya que estos pueden acumularse y afectar el presupuesto final. Una vez que los costos fijos y variables están identificados y calculados, es posible establecer el presupuesto base.

Por ejemplo, si se tiene un negocio de fabricación, los costos fijos podrían incluir el alquiler del taller y el salario del personal administrativo, mientras que los costos variables incluirían la materia prima para producir cada unidad y el costo del empaque por producto. Si se proyecta que se venderán 100 unidades mensuales, los costos variables pueden calcularse en función de esta meta y ajustarse a medida que se obtengan datos reales de ventas y producción.

Importancia del Presupuesto en la Viabilidad del Negocio

El presupuesto inicial no solo ayuda a organizar y controlar los recursos financieros, sino que también permite al emprendedor evaluar si su modelo de negocio es sostenible desde el inicio. Tener un cálculo claro de los costos totales proporciona una referencia para determinar el punto de equilibrio, que es el volumen de ventas necesario para cubrir todos los gastos sin obtener pérdidas ni ganancias. Además, el presupuesto sirve como una guía para identificar la cantidad de capital inicial necesaria y, en caso de requerir financiamiento externo, proporciona una base sólida para justificar ante inversionistas o instituciones financieras la viabilidad del negocio.

El proceso de crear un presupuesto inicial con una distinción clara entre costos fijos y variables es una herramienta esencial para establecer un negocio en condiciones óptimas. No solo ayuda a prever las necesidades financieras inmediatas y futuras, sino que también permite tomar decisiones estratégicas basadas en datos, mejorar la eficiencia operativa y minimizar riesgos. Una vez establecido, el presupuesto debe revisarse y ajustarse regularmente para adaptarse a la evolución del negocio y las condiciones del mercado.

Proyecciones de ingresos

Las proyecciones de ingresos son un componente fundamental en la planificación financiera de cualquier negocio, especialmente para los emprendedores, ya que ayudan a estimar los ingresos que el negocio podría generar en un periodo determinado. La clave para hacer una proyección realista de ingresos radica en basarse en datos concretos y, cuando esto no sea posible, en supuestos bien fundamentados que tomen en cuenta factores como el mercado, la competencia y la demanda estimada.

Para empezar, es útil observar el comportamiento del mercado objetivo. Esto implica estudiar la demanda de los productos o servicios que se van a ofrecer y analizar tendencias en el mercado que puedan impactar en el nivel de ventas. Un análisis de mercado detallado también permite segmentar a los clientes potenciales y comprender cuántos de ellos podrían estar interesados en el producto o servicio. Por ejemplo, si el negocio está enfocado en la venta de productos para el hogar, el emprendedor debería analizar datos sobre cuántas personas en el área geográfica de interés compran regularmente productos similares y con qué frecuencia.

Otro aspecto esencial para realizar proyecciones realistas es la competencia. Los ingresos proyectados pueden ser impactados por la cantidad y fuerza de los competidores en el mercado. Si existen muchas empresas ofreciendo productos o servicios similares, las proyecciones deben reflejar la posibilidad de una menor cuota de mercado. Por otro lado, si se cuenta con una propuesta única de valor o ventajas competitivas claras, las proyecciones pueden ser más optimistas en términos de captación de clientes.

A continuación, debe hacerse una estimación de los ingresos basados en los **precios de venta** y el **volumen de ventas esperado**. Para establecer el precio, es fundamental considerar tanto los costos de producción como los precios de la competencia y la percepción de valor del cliente. Una vez que se define un precio adecuado, el emprendedor puede calcular los ingresos potenciales multiplicando el precio por el número de ventas proyectadas.

Es importante ser conservador al realizar estas proyecciones, especialmente en las etapas iniciales del negocio, cuando es común sobreestimar las ventas. Una técnica útil es hacer múltiples escenarios: uno optimista, uno conservador y uno pesimista. Esto permite analizar diferentes resultados y preparar al negocio para manejar variaciones en las ventas. Si, por ejemplo, el escenario optimista predice ventas rápidas en los primeros seis meses, el escenario conservador podría sugerir que el negocio alcanzará su volumen de ventas proyectado en un periodo más largo, lo cual ayuda a prevenir problemas de liquidez si las ventas no alcanzan el ritmo esperado de inmediato.

Una vez que se han considerado estos factores, las proyecciones de ingresos no solo permiten prever el flujo de efectivo necesario para cubrir los costos, sino que también ayudan a evaluar la rentabilidad y a establecer metas claras para el negocio. Realizar revisiones periódicas de estas proyecciones es crucial, pues permite al emprendedor ajustar las expectativas y tomar decisiones proactivas ante cambios en el mercado o en la operación del negocio.

Aunque las proyecciones de ingresos son estimaciones, pueden ser herramientas estratégicas muy poderosas si se realizan con precisión y se revisan a medida que el negocio avanza.

Planificación de gastos operativos y de expansión

La planificación de los gastos operativos y de expansión es un aspecto clave para el crecimiento sostenible de un negocio. En la etapa inicial, muchos emprendedores se enfocan en cubrir los costos básicos para poner en marcha la operación; sin embargo, a medida que el negocio se estabiliza, surge la posibilidad de invertir en expansión. Determinar el momento adecuado para hacerlo requiere de una evaluación cuidadosa del flujo de efectivo, la demanda del mercado, los objetivos de crecimiento y la capacidad operativa.

En primer lugar, es crucial tener una comprensión clara de los **gastos operativos actuales.** Estos gastos incluyen todas las erogaciones necesarias para mantener el negocio en funcionamiento día a día, como salarios, alquiler, servicios públicos, inventario, marketing, entre otros. Antes de considerar cualquier inversión en expansión, el negocio debe generar ingresos suficientes para cubrir estos costos de forma consistente. Un flujo de caja saludable y la capacidad de cubrir los gastos operativos sin depender de financiamiento externo son señales positivas de que el negocio está en una posición sólida para empezar a considerar la expansión.

A continuación, el análisis de la **demanda del mercado** juega un papel importante. Es fundamental asegurarse de que haya una demanda sostenida o en crecimiento para los productos o servicios del negocio antes de comprometer recursos adicionales en expansión. Las proyecciones de ingresos basadas en estudios de mercado, tendencias de la industria y retroalimentación de clientes pueden indicar si es probable que una inversión en crecimiento resulte rentable. Un negocio que enfrenta una demanda creciente tiene mayores posibilidades de beneficiarse de una expansión; sin embargo, si la demanda es estacional o fluctuante, la decisión de expandirse debe tomarse con mayor cautela.

La **capacidad operativa** es otro factor crucial. Antes de invertir en crecimiento, el emprendedor debe evaluar si el negocio tiene la infraestructura, el personal y los recursos necesarios para manejar un aumento en las ventas o en la producción. La falta de capacidad operativa puede llevar a una sobrecarga, afectando la calidad del producto o servicio y la satisfacción del cliente. La expansión solo es sostenible si el negocio está preparado para absorber la carga adicional sin comprometer su calidad y eficiencia. A veces, la inversión en recursos operativos, como personal adicional, equipos o sistemas de gestión, es un paso previo necesario antes de ampliar la oferta o entrar en nuevos mercados.

Otro indicador importante es la **rentabilidad del negocio**. Idealmente, un negocio que esté considerando la expansión debería ser rentable o al menos estar cerca del punto de equilibrio. La expansión puede requerir una inversión significativa y, si el negocio aún no es rentable, esto podría representar un riesgo considerable para la estabilidad financiera. Invertir en crecimiento antes de alcanzar la rentabilidad puede poner en peligro el negocio, especialmente si los ingresos proyectados de la expansión tardan en materializarse.

El **momento adecuado para invertir en expansión** es cuando el negocio cuenta con una base financiera estable, una demanda sólida y la capacidad operativa necesaria para manejar un crecimiento sostenido. En algunos casos, es posible que el negocio necesite recurrir a financiamiento externo para expandirse; sin embargo, esto debe hacerse con cautela, teniendo en cuenta los costos asociados al financiamiento y la capacidad de la empresa para generar suficientes ingresos para cubrir tanto los costos operativos como las obligaciones financieras.

La expansión puede implicar varios enfoques, desde lanzar nuevos productos o servicios, entrar a nuevos mercados, mejorar la infraestructura o aumentar la capacidad de producción. Cada una de estas opciones tiene sus propias implicaciones financieras y operativas, por lo que la planificación y el análisis de riesgo son esenciales. El emprendedor debe evaluar cómo cada inversión específica puede contribuir a los objetivos a largo plazo del negocio y si las proyecciones de ingresos justifican el gasto adicional.

Planificar los gastos operativos y de expansión de manera cuidadosa permite asegurar que el crecimiento del negocio sea sostenible, reduciendo el riesgo de comprometer la estabilidad de la empresa en el proceso.

Capítulo 3: Fuentes de Financiación

- ## Fondos propios vs. fondos externos

Cuando un emprendedor evalúa opciones de financiamiento, surge la decisión crucial entre utilizar **fondos propios** o **fondos externos**. Cada tipo de financiamiento tiene ventajas y desventajas que pueden influir significativamente en el crecimiento y la estructura del negocio a corto y largo plazo. Entender las diferencias entre ambos y sus implicaciones permite tomar una decisión más informada y alineada con los objetivos estratégicos del negocio.

Fondos Propios
Los fondos propios consisten en el dinero que el emprendedor aporta de su propio capital o de otros socios para invertir en el negocio. Esto incluye ahorros personales, la venta de activos, reinversión de utilidades generadas por la empresa, y las aportaciones de familiares, amigos o inversores que ofrecen financiación sin compromisos formales de pago, como inversionistas ángeles o fondos de capital de riesgo.

Una ventaja clave de los fondos propios es que no se incurre en deudas ni se deben realizar pagos regulares de intereses. Esto permite que el flujo de caja se destine completamente al crecimiento y las operaciones del negocio, sin la presión de cubrir cuotas de deuda. Además, al financiarse internamente, el emprendedor conserva un mayor control sobre las decisiones del negocio, ya que no está sujeto a los términos y condiciones impuestos por acreedores o inversionistas externos.

Sin embargo, los fondos propios también presentan limitaciones. Por un lado, el emprendedor asume el riesgo total de la inversión, lo que significa que si el negocio falla, pierde todo el capital invertido. Además, depender exclusivamente de fondos propios puede restringir el crecimiento, especialmente si el negocio requiere grandes sumas de dinero para expansión, tecnología, infraestructura o marketing. En muchos casos, el capital propio puede no ser suficiente para cubrir estas necesidades, limitando la capacidad del negocio para crecer de forma rápida o competitiva.

Fondos Externos

Los fondos externos provienen de fuentes externas al negocio, como préstamos bancarios, líneas de crédito, inversionistas, capital de riesgo o financiamiento colectivo (crowdfunding). Este tipo de financiamiento puede ser particularmente atractivo cuando el emprendedor busca una inyección rápida de capital para expandir el negocio o financiar proyectos a gran escala. Los fondos externos permiten acceder a mayores recursos financieros sin que el emprendedor deba comprometer todo su capital.

Uno de los mayores beneficios de los fondos externos es que permiten acelerar el crecimiento del negocio sin depender únicamente de los recursos internos. Por ejemplo, un préstamo bancario puede proporcionar el capital necesario para lanzar una nueva línea de productos o entrar en un mercado internacional, acciones que tal vez no serían posibles solo con fondos propios. Además, en el caso de algunos inversionistas externos, estos pueden aportar no solo capital, sino también experiencia, conexiones y asesoramiento, lo que puede ayudar al negocio a crecer de manera más estratégica y eficiente.

Por otro lado, el uso de fondos externos conlleva ciertos compromisos y riesgos. En el caso de los préstamos, el negocio se compromete a pagar intereses, lo cual puede impactar negativamente en el flujo de caja. Si los ingresos son inestables o si se producen pérdidas, el pago de la deuda puede convertirse en una carga financiera difícil de soportar. Además, si el financiamiento proviene de inversionistas externos, el emprendedor puede tener que ceder una parte del control y de la propiedad del negocio. Esto puede limitar su capacidad de decisión y, en algunos casos, obligarlo a actuar de acuerdo con las expectativas de los inversionistas en lugar de seguir su propia visión.

Comparación: Fondos Propios vs. Fondos Externos

En términos de control, los fondos propios son más ventajosos porque permiten al emprendedor tomar decisiones sin influencias externas. Por el contrario, los fondos externos, especialmente aquellos de inversionistas que adquieren una participación en el negocio, pueden diluir la propiedad y el control del emprendedor. Desde el punto de vista de la flexibilidad financiera, los fondos propios no imponen pagos ni intereses, lo cual es beneficioso para mantener un flujo de caja sano en las primeras etapas del negocio. Sin embargo, los fondos externos pueden proporcionar el capital necesario para aprovechar oportunidades que requieren una inversión rápida y significativa.

La decisión de usar fondos propios o externos también depende de la **tolerancia al riesgo del emprendedor** y de la **estrategia de crecimiento del negocio**. Si el emprendedor prefiere un crecimiento más controlado y sostenible, los fondos propios pueden ser suficientes. Pero si el objetivo es un crecimiento rápido y competitivo, como en el caso de mercados dinámicos o de alta tecnología, los fondos externos pueden ser la única manera viable de financiar la expansión.

Cada opción tiene sus pros y sus contras, y la elección dependerá de la situación financiera actual del negocio, el nivel de control que el emprendedor desea mantener, la cantidad de capital necesaria y la velocidad de crecimiento deseada. Un enfoque combinado, utilizando fondos propios y externos de manera estratégica, puede permitir un equilibrio que maximice las oportunidades de crecimiento sin comprometer la estabilidad y el control del negocio.

• Tipos de financiación externa

La financiación externa es una herramienta vital para muchos emprendedores que buscan hacer crecer sus negocios. Existen diferentes tipos de financiación externa, cada uno con características propias, ventajas y desventajas. Comprender estos tipos es esencial para elegir la opción que mejor se adapte a las necesidades del negocio. A continuación, exploramos algunos de los tipos más comunes de financiación externa: préstamos bancarios, inversionistas ángeles, capital de riesgo y crowdfunding.

Préstamos Bancarios

Los préstamos bancarios son una forma tradicional de financiación que consiste en que una entidad bancaria otorga una suma de dinero a un emprendedor con la obligación de devolverla en un plazo determinado, junto con los intereses acordados. Estos préstamos pueden ser utilizados para una variedad de propósitos, como la compra de equipos, la expansión del negocio o la gestión del capital de trabajo.

Una de las principales ventajas de los préstamos bancarios es que permiten a los emprendedores mantener el control total de su negocio, ya que el banco no adquiere participación en la empresa. Además, si se cumplen los términos del préstamo, los intereses pueden ser deducibles de impuestos, lo que puede resultar beneficioso para la salud financiera del negocio.

Sin embargo, los préstamos bancarios también presentan desventajas. Obtención de un préstamo puede ser un proceso largo y burocrático que requiere documentación extensa y garantías, como activos del negocio o del emprendedor. Además, si el negocio no genera suficientes ingresos para cubrir los pagos del préstamo, puede enfrentar problemas de liquidez y endeudamiento.

Inversionistas Ángeles

Los inversionistas ángeles son individuos adinerados que invierten su propio capital en startups o empresas emergentes a cambio de participación en el capital de la empresa. Estos inversionistas suelen estar interesados en apoyar a emprendedores innovadores y pueden ofrecer no solo financiamiento, sino también asesoramiento, mentoría y una red de contactos.

Una de las principales ventajas de los inversionistas ángeles es que pueden proporcionar financiamiento en etapas tempranas cuando otros tipos de financiamiento son difíciles de obtener. Además, su experiencia y contactos pueden ser invaluables para ayudar a los emprendedores a navegar los desafíos del crecimiento inicial.

No obstante, aceptar dinero de inversionistas ángeles también significa ceder parte del control y la propiedad de la empresa. Esto puede dar lugar a tensiones si hay desacuerdos sobre la dirección del negocio. Además, los inversionistas ángeles suelen esperar un retorno significativo de su inversión, lo que puede presionar al emprendedor para lograr un crecimiento rápido.

Capital de Riesgo

El capital de riesgo es un tipo de financiación que se proporciona a empresas emergentes con un alto potencial de crecimiento a cambio de acciones en la empresa. Las firmas de capital de riesgo invierten en negocios que consideran que tienen un modelo de negocio sólido y la capacidad de generar altos retornos a largo plazo.

Una de las ventajas del capital de riesgo es que, al igual que los inversionistas ángeles, estas firmas no solo aportan capital, sino también experiencia, conocimientos de la industria y una red de contactos que pueden ser vitales para el éxito del negocio. Además, los fondos de capital de riesgo suelen estar dispuestos a asumir un mayor riesgo que los bancos, lo que significa que pueden financiar empresas en etapas más tempranas.

Sin embargo, las desventajas son significativas. Las firmas de capital de riesgo generalmente buscan una participación significativa en la empresa, lo que puede diluir el control del fundador. Además, a menudo tienen expectativas de crecimiento muy agresivas y plazos de salida que pueden no alinearse con la visión del emprendedor. Si el negocio no crece tan rápido como se espera, puede haber presión para realizar cambios en la gestión o en la estrategia que el fundador no desee.

Crowdfunding

El crowdfunding es un método de financiación que permite a los emprendedores recaudar pequeñas cantidades de dinero de un gran número de personas, generalmente a través de plataformas en línea. Este tipo de financiación puede adoptar diferentes formas, como recompensas (donde los contribuyentes reciben un producto o servicio a cambio de su apoyo), donaciones o incluso financiación a cambio de acciones en la empresa.

Una de las ventajas del crowdfunding es que permite a los emprendedores acceder a capital sin tener que ceder participación en su empresa, especialmente en modelos de recompensa o donación. También puede ser una forma efectiva de validar una idea de negocio, ya que el interés del público en financiar el proyecto puede ser un indicador de su viabilidad en el mercado.

Sin embargo, el crowdfunding también tiene sus desventajas. La competencia en estas plataformas puede ser feroz, y no todos los proyectos logran recaudar el capital deseado. Además, los emprendedores deben estar preparados para realizar un esfuerzo significativo en marketing y promoción para atraer a los patrocinadores. Si el proyecto no alcanza su meta de financiación, en muchos casos, no se recibe ningún capital.

Cada tipo de financiación externa tiene sus propias características, ventajas y desventajas. La elección entre préstamos bancarios, inversionistas ángeles, capital de riesgo y crowdfunding dependerá de factores como la etapa del negocio, la cantidad de capital necesaria, la disposición a ceder control y el tipo de apoyo adicional que se busca. Un análisis cuidadoso y una planificación estratégica pueden ayudar a los emprendedores a seleccionar la opción que mejor se alinee con sus objetivos y necesidades empresariales.

• Evaluación de riesgos y recompensas de cada fuente

Evaluar los riesgos y recompensas asociados con cada fuente de financiación es crucial para que los emprendedores tomen decisiones informadas que alineen sus objetivos comerciales y sus capacidades de gestión. Cada opción de financiación conlleva un conjunto específico de ventajas y desventajas que pueden influir en la viabilidad y el éxito del negocio. Al comprender estos factores, los emprendedores pueden seleccionar la financiación más adecuada a sus necesidades y al contexto de su empresa.

Préstamos Bancarios

Los préstamos bancarios son una de las formas más comunes de financiación externa, pero vienen con su propio conjunto de riesgos y recompensas.

Recompensas:

- **Control total**: Al utilizar préstamos bancarios, el emprendedor mantiene el control total sobre el negocio, ya que no cede participación accionaria a un tercero. Esto es especialmente importante para aquellos que desean mantener su visión y estrategia sin interferencias externas.

- **Intereses deducibles**: En muchos casos, los intereses pagados sobre los préstamos son deducibles de impuestos, lo que puede ofrecer un alivio fiscal.

Riesgos:

- **Obligaciones de pago**: Los préstamos requieren pagos regulares de intereses y principal, lo que puede convertirse en una carga financiera, especialmente en períodos de baja liquidez o pérdidas. Un incumplimiento puede llevar a la ejecución de garantías, como activos del negocio o del propietario.

- **Condiciones restrictivas**: Las entidades bancarias pueden imponer condiciones que limitan la flexibilidad del negocio, como restricciones sobre la toma de decisiones estratégicas.

Inversionistas Ángeles

Los inversionistas ángeles ofrecen una alternativa interesante para financiar startups, aunque su implicación en el negocio puede ser considerable.

Recompensas:

- **Capital inicial y asesoramiento**: Los inversionistas ángeles suelen estar dispuestos a invertir en etapas tempranas, proporcionando capital esencial y valiosos conocimientos y conexiones en la industria que pueden ayudar a escalar el negocio.

- **Menos presión que el capital de riesgo**: A menudo, los inversionistas ángeles no tienen la misma presión de retorno que las firmas de capital de riesgo, lo que puede permitir un crecimiento más sostenible.

Riesgos:

- **Dilución del control**: Al aceptar financiación de inversionistas ángeles, el emprendedor cede parte del control sobre la empresa, lo que puede resultar en desacuerdos sobre la dirección estratégica.

- **Expectativas de retorno**: Aunque pueden ser más flexibles que los capitalistas de riesgo, los inversionistas ángeles aún esperan retornos significativos, lo que puede presionar a los emprendedores para alcanzar un crecimiento rápido.

Capital de Riesgo

El capital de riesgo puede ser una fuente poderosa de financiamiento, especialmente para startups en sectores innovadores, pero también conlleva riesgos sustanciales.

Recompensas:

- **Recursos significativos**: Las firmas de capital de riesgo a menudo pueden proporcionar grandes sumas de dinero, lo que permite a las empresas escalar rápidamente y aprovechar oportunidades de mercado.

- **Conocimiento especializado**: Además del capital, el capital de riesgo a menudo incluye acceso a mentores, experiencia en la industria y una red de contactos valiosos que pueden ser cruciales para el éxito del negocio.

Riesgos:

- **Fuerte dilución de la propiedad**: A cambio de su inversión, los capitalistas de riesgo suelen requerir una participación significativa en el negocio, lo que puede diluir el control del fundador y afectar la toma de decisiones.

- **Expectativas de salida**: Las firmas de capital de riesgo suelen tener expectativas de salida a medio plazo (entre 5 y 10 años), lo que puede generar presión para que la empresa alcance un crecimiento exponencial que no siempre es sostenible.

Crowdfunding

El crowdfunding ha ganado popularidad como método de financiación, especialmente para startups creativas y proyectos innovadores.

Recompensas:

- **Validación de mercado**: La capacidad de recaudar fondos a través de plataformas de crowdfunding puede servir como un indicador de la viabilidad del producto o servicio, ayudando a validar la idea en el mercado antes de lanzar a gran escala.

- **Bajo riesgo de deuda**: Dependiendo del modelo de crowdfunding, los emprendedores pueden evitar incurrir en deudas o ceder participación en el negocio, lo que les permite mantener el control.

Riesgos:

- **Falta de garantía de éxito**: La competencia en plataformas de crowdfunding puede ser intensa, y no todas las campañas logran alcanzar su meta de financiación. La falta de éxito puede llevar a la frustración y a la pérdida de tiempo y recursos.

- **Esfuerzo de marketing**: Lanzar una campaña de crowdfunding exitosa requiere un esfuerzo considerable en marketing y promoción, lo que puede ser un desafío para emprendedores sin experiencia en estas áreas.

Elegir la Financiación Adecuada

Al evaluar la financiación adecuada para un negocio, los emprendedores deben considerar varios factores críticos:

1. **Etapa del negocio**: Las startups en etapas iniciales pueden beneficiarse más de inversionistas ángeles o crowdfunding, mientras que empresas más establecidas podrían optar por préstamos bancarios o capital de riesgo.

2. **Cantidad de capital requerida**: Si el proyecto requiere una inversión significativa, el capital de riesgo o los préstamos bancarios pueden ser más apropiados que las opciones de crowdfunding.

3. **Tolerancia al riesgo**: Los emprendedores deben evaluar su disposición a ceder control o asumir deudas. Aquellos que valoran la autonomía pueden preferir financiamiento propio o crowdfunding.

4. **Objetivos a largo plazo**: Es esencial que los emprendedores alineen sus decisiones de financiación con sus objetivos comerciales, ya sea un crecimiento rápido, la sostenibilidad a largo plazo o la creación de un negocio familiar.

La elección de la financiación adecuada es un proceso que requiere un análisis cuidadoso de los riesgos y recompensas asociados con cada fuente. Al tomar en cuenta la etapa del negocio, la cantidad de capital necesaria, la tolerancia al riesgo y los objetivos a largo plazo, los emprendedores pueden seleccionar la opción que mejor se adapte a su situación y maximice sus oportunidades de éxito.

Capítulo 4: Costos y Estructura de Precios

• Entender los costos de producción y operación

Entender los costos de producción y operación es fundamental para cualquier emprendedor que busque establecer un negocio sostenible y rentable. La gestión efectiva de estos costos no solo permite una mejor planificación financiera, sino que también proporciona una base sólida para la toma de decisiones estratégicas. Uno de los aspectos más críticos de esta gestión es el costo por unidad, que se refiere al total de gastos incurridos para producir una unidad de un producto o servicio.

Los costos de producción abarcan todos los gastos asociados con la fabricación de un producto o la prestación de un servicio. Esto incluye los costos directos, como los materiales y la mano de obra, así como los costos indirectos, que comprenden gastos generales como el alquiler de instalaciones, servicios públicos y sueldos administrativos. Por otro lado, los costos de operación son aquellos gastos generales necesarios para el funcionamiento del negocio, que no necesariamente están vinculados a la producción, como el marketing, la distribución y el mantenimiento de instalaciones.

Para calcular el costo por unidad, es esencial sumar todos los costos relacionados con la producción de un lote de productos y dividir ese total por el número de unidades producidas. Este cálculo implica considerar dos categorías principales de costos. En primer lugar, están los costos fijos, que son aquellos que no cambian independientemente del volumen de producción, como el alquiler de las instalaciones y los sueldos de empleados administrativos. Estos costos se distribuyen entre todas las unidades producidas. En segundo lugar, se encuentran los costos variables, que son aquellos que fluctúan directamente con el nivel de producción, como los materiales directos y la mano de obra directa. Estos costos se suman y se dividen por el número de unidades producidas para obtener una idea clara de los gastos asociados con cada unidad.

Una vez que se ha determinado el costo por unidad, es crucial controlarlo para garantizar la rentabilidad del negocio. Esto se puede lograr a través de varias estrategias efectivas. En primer lugar, es fundamental llevar un seguimiento continuo de los costos de producción y operación. Esto implica revisar periódicamente los costos de materiales, salarios y otros gastos para identificar tendencias y posibles áreas de reducción. Además, el análisis de las variaciones entre los costos presupuestados y los reales ayuda a detectar discrepancias significativas. Si los costos reales superan los previstos, es importante investigar las razones detrás de estas diferencias y ajustar las operaciones o presupuestos en consecuencia.

Otra estrategia clave es la optimización de procesos. Revisar y mejorar los procesos de producción puede llevar a una reducción significativa en los costos. Esto puede incluir la eliminación de desperdicios y la inversión en tecnología que automatice procesos o mejore la productividad. Además, establecer relaciones sólidas con proveedores y negociar mejores precios para materiales y servicios impacta directamente en los costos variables, lo que ayuda a reducir el costo por unidad.

A medida que la producción aumenta, los costos fijos se distribuyen entre más unidades, lo que puede reducir el costo por unidad. Es fundamental identificar el momento adecuado para escalar la producción y aprovechar estas economías de escala. Finalmente, comprender el costo por unidad permite fijar precios que aseguren un margen de beneficio adecuado. Evaluar si los precios actuales cubren no solo los costos de producción, sino también los gastos generales y permiten un margen de ganancia satisfactorio es vital para la sostenibilidad del negocio.

Entender y controlar los costos de producción y operación, así como calcular el costo por unidad, son aspectos fundamentales para cualquier emprendedor que busque asegurar la rentabilidad y viabilidad a largo plazo de su negocio. Un enfoque proactivo en la gestión de costos no solo permite una mejor planificación financiera, sino que también proporciona a los emprendedores la información necesaria para tomar decisiones estratégicas informadas, optimizar procesos y adaptarse a las dinámicas del mercado.

Determinar el precio de venta: Estrategias de fijación de precios basadas en el costo, el valor y la competencia.

Determinar el precio de venta de un producto o servicio es una de las decisiones más críticas que un emprendedor debe tomar. Este precio no solo influye en la rentabilidad del negocio, sino que también afecta la percepción del producto por parte del consumidor y su competitividad en el mercado. Para establecer un precio adecuado, es importante considerar diferentes estrategias de fijación de precios, que se pueden clasificar en función de su enfoque: basado en el costo, en el valor y en la competencia.

Estrategia de fijación de precios basada en el costo

Esta estrategia implica calcular todos los costos asociados con la producción y operación del producto o servicio y luego añadir un margen de beneficio deseado. El enfoque se basa en la premisa de que el precio debe cubrir todos los costos y proporcionar una rentabilidad adecuada. Para aplicar esta estrategia, el emprendedor debe tener un buen entendimiento de sus costos fijos y variables, así como de los costos indirectos asociados.

Una de las ventajas de esta estrategia es su simplicidad; es relativamente fácil de calcular y proporciona un punto de partida claro para establecer el precio. Sin embargo, este enfoque tiene sus limitaciones. Puede llevar a fijar precios que no reflejan el valor percibido por el cliente o que no son competitivos en el mercado. Además, si los costos aumentan, el emprendedor puede verse obligado a aumentar los precios, lo que podría afectar la demanda.

Estrategia de fijación de precios basada en el valor

A diferencia de la estrategia basada en el costo, esta se centra en el valor percibido que el producto o servicio ofrece al cliente. Para determinar el precio, el emprendedor debe considerar cuánto están dispuestos a pagar los consumidores en función de los beneficios y la calidad que ofrece el producto. Esto implica comprender las necesidades y deseos del cliente, así como realizar investigaciones de mercado para evaluar la percepción del valor.

La fijación de precios basada en el valor puede resultar en márgenes de beneficio más altos, ya que permite establecer precios que reflejan el valor real que los consumidores están dispuestos a pagar. Sin embargo, esta estrategia también presenta desafíos. Requiere una profunda comprensión del mercado y de los clientes, así como la capacidad de comunicar eficazmente el valor del producto o servicio. Si el valor percibido no se alinea con el precio, puede resultar en una baja aceptación del mercado.

Estrategia de fijación de precios basada en la competencia
Esta estrategia implica establecer el precio en relación con lo que están cobrando los competidores por productos o servicios similares. Los emprendedores deben analizar los precios del mercado y determinar cómo se posicionan en comparación con la competencia. Dependiendo de la estrategia general de la empresa, el emprendedor puede optar por fijar un precio más alto, más bajo o igual al de sus competidores.

Una ventaja de esta estrategia es que ayuda a asegurar que el producto sea competitivo en el mercado. Si el precio está alineado con el de la competencia, es más probable que los consumidores lo consideren una opción viable. Sin embargo, fijar el precio solo en función de la competencia puede llevar a una guerra de precios, donde los márgenes de beneficio se ven afectados negativamente. Además, puede no considerar adecuadamente los costos internos y el valor que el producto ofrece.

Consideraciones finales
Al determinar el precio de venta, los emprendedores deben considerar una combinación de estas estrategias. A menudo, la fijación de precios exitosa implica encontrar un equilibrio entre el costo, el valor percibido por el cliente y la competencia en el

mercado. También es crucial tener en cuenta factores como la demanda, la segmentación del mercado y la estrategia de marca. La flexibilidad para ajustar los precios según la retroalimentación del mercado y los cambios en los costos o la competencia también es esencial para mantener la rentabilidad y la competitividad a lo largo del tiempo.

En última instancia, el proceso de fijación de precios es tanto una ciencia como un arte. Requiere análisis cuantitativos y una comprensión profunda del comportamiento del consumidor y de las dinámicas del mercado. Al adoptar un enfoque estratégico y basado en datos, los emprendedores pueden establecer precios que no solo cubran sus costos y proporcionen beneficios, sino que también maximicen el valor percibido por sus clientes y fortalezcan la posición de su negocio en el mercado.

• Margen de beneficio

El margen de beneficio es un indicador financiero esencial que mide la rentabilidad de un negocio. Este se refiere a la diferencia entre los ingresos generados por las ventas y los costos asociados con la producción y operación, expresada generalmente como un porcentaje de los ingresos. Calcular y mejorar el margen de beneficio no solo es crucial para la sostenibilidad del negocio, sino que también permite a los emprendedores tomar decisiones informadas sobre precios, costos y estrategias de inversión.

Para calcular el margen de beneficio, es necesario primero determinar los ingresos totales y los costos totales. La fórmula básica para el margen de beneficio es:

Margen de Beneficio = (Ingresos Totales - Costos Totales) / Ingresos Totales × 100

Los ingresos totales son la suma de todas las ventas realizadas en un periodo determinado, mientras que los costos totales incluyen tanto los costos fijos como los variables relacionados con la producción y operación. Un margen de beneficio más alto indica que una mayor proporción de cada euro de ingresos se traduce en ganancia, lo que es un signo positivo para la salud financiera del negocio.

Existen diferentes tipos de márgenes de beneficio que pueden ser considerados. El margen de beneficio bruto se calcula restando los costos de bienes vendidos de los ingresos totales y dividiendo por los ingresos totales. Este margen refleja la rentabilidad de la producción y la venta de bienes, antes de considerar otros gastos operativos. Por otro lado, el margen de beneficio operativo incluye no solo los costos de producción, sino también los gastos operativos, brindando una visión más completa de la rentabilidad general del negocio. Finalmente, el margen de beneficio neto considera todos los ingresos y gastos, incluidos impuestos e intereses, y proporciona una visión clara de la rentabilidad final del negocio.

Para mejorar el margen de beneficio, los emprendedores pueden seguir varias estrategias. En primer lugar, es fundamental analizar y controlar los costos. Esto implica revisar todos los gastos relacionados con la producción y operación, identificando áreas donde se puedan realizar recortes o mejoras. Por ejemplo, negociar con proveedores para obtener mejores precios en los materiales o encontrar formas de optimizar el proceso de producción para reducir costos puede tener un impacto significativo en el margen.

Otra estrategia clave es aumentar los precios de los productos o servicios, siempre que esto sea viable en el mercado. Esto puede lograrse mediante la mejora de la propuesta de valor, garantizando que los clientes perciban un mayor valor en lo que se ofrece. Al comunicar eficazmente los beneficios y la calidad del producto, los emprendedores pueden justificar un precio más alto y, por lo tanto, un margen de beneficio mejorado.

La diversificación de productos también puede contribuir a un mayor margen de beneficio. Al introducir nuevos productos o servicios que complementen la oferta existente, los emprendedores pueden atraer a un público más amplio y generar más ingresos. Esta estrategia no solo aumenta el potencial de ventas, sino que también puede permitir la implementación de precios diferenciados, donde algunos productos de mayor calidad o especializados se pueden vender a precios premium.

Además, optimizar las operaciones y mejorar la eficiencia también es crucial. La implementación de tecnología que automatice procesos o reduzca el tiempo de producción puede disminuir los costos operativos y, en consecuencia, aumentar el margen de beneficio. Realizar un seguimiento constante de los indicadores de rendimiento financiero, como el margen de beneficio, permite a los emprendedores ajustar sus estrategias de manera proactiva.

Es importante recordar que el margen de beneficio no es un indicador estático. Los cambios en el mercado, la competencia, los costos de los insumos y las expectativas de los consumidores pueden afectar su nivel. Por lo tanto, los emprendedores deben ser flexibles y estar dispuestos a adaptar su enfoque según las condiciones del mercado.

El margen de beneficio es un indicador clave de la salud financiera de un negocio. Comprender cómo calcularlo y las estrategias para mejorarlo es esencial para cualquier emprendedor que busque asegurar la rentabilidad y el éxito a largo plazo de su empresa. A través de un control riguroso de los costos, una estrategia de precios bien fundamentada y una operación eficiente, los emprendedores pueden no solo aumentar su margen de beneficio, sino también garantizar un crecimiento sostenible y resiliente en un entorno empresarial competitivo.

Capítulo 5: Gestión del Flujo de Caja

• El flujo de caja como la clave del negocio

El flujo de caja se refiere a la cantidad de dinero que entra y sale de un negocio durante un periodo específico. Aunque muchos emprendedores se centran en la rentabilidad como principal indicador de éxito, el flujo de caja es, de hecho, la clave para la supervivencia y el crecimiento de cualquier negocio. La razón es simple: un negocio puede ser rentable en papel, pero si no tiene suficiente liquidez para cumplir con sus obligaciones diarias, puede enfrentar serias dificultades y, en última instancia, cerrar sus puertas.

Una de las principales razones por las que los negocios cierran, a pesar de ser rentables, es la falta de un adecuado flujo de caja. Esta situación puede surgir por diversas causas, y es crucial que los emprendedores comprendan cómo manejar y prever el flujo de caja para evitar problemas que puedan poner en riesgo la continuidad del negocio.

Uno de los escenarios más comunes es cuando las empresas tienen ciclos de venta prolongados. Por ejemplo, en sectores como la construcción o la fabricación, es común que las empresas realicen grandes inversiones antes de recibir el pago de sus clientes. Durante este tiempo, el negocio puede enfrentarse a una escasez de efectivo, ya que debe continuar pagando a proveedores, empleados y otros gastos operativos. Si no se cuenta con reservas suficientes o si no se planifica adecuadamente, la falta de flujo de caja puede llevar a la insolvencia.

Otra causa común es la acumulación de cuentas por cobrar. Muchas empresas ofrecen crédito a sus clientes, lo que puede ser una estrategia efectiva para aumentar las ventas, pero también puede resultar en retrasos en los pagos. Si los clientes tardan más tiempo del esperado en pagar sus facturas, el negocio puede encontrarse en una situación de falta de liquidez, incluso si las ventas han sido fuertes. La gestión del crédito y un seguimiento efectivo de las cuentas por cobrar son esenciales para mantener un flujo de caja saludable.

Además, el crecimiento rápido de un negocio puede ser una espada de doble filo. Aunque el aumento de las ventas es un buen indicador, también puede resultar en mayores necesidades de capital. Para satisfacer la demanda creciente, las empresas pueden necesitar invertir en inventario, contratar más empleados o aumentar la capacidad de producción. Estas inversiones, si no se gestionan adecuadamente, pueden agotar el flujo de caja y llevar a problemas financieros. Es fundamental que los emprendedores planifiquen el crecimiento de manera que aseguren que el flujo de caja se mantenga positivo a lo largo del proceso.

Los costos inesperados también son un factor que puede afectar severamente el flujo de caja. Los negocios a menudo enfrentan gastos imprevistos, como reparaciones, aumentos en los precios de los insumos o cambios en las regulaciones que requieren inversiones adicionales. Si no se tiene un fondo de reserva para cubrir estos imprevistos, la falta de efectivo puede convertirse en un problema significativo.

La falta de una adecuada planificación y previsión del flujo de caja es un error común entre los emprendedores. Muchos se enfocan en el crecimiento y la rentabilidad sin prestar suficiente atención a la gestión del flujo de caja. No tener un plan de flujo de caja que proyecte las entradas y salidas de efectivo a corto y mediano plazo puede llevar a situaciones de crisis que son difíciles de manejar.

Para evitar estos problemas, es esencial que los emprendedores implementen un sistema de gestión del flujo de caja. Esto incluye realizar proyecciones regulares, mantener un control estricto de las cuentas por cobrar y por pagar, y asegurarse de tener reservas de efectivo adecuadas para cubrir eventualidades. Asimismo, los emprendedores deben estar dispuestos a ajustar sus estrategias y tomar decisiones informadas en función de las condiciones del mercado y del flujo de caja disponible.

El flujo de caja es fundamental para la viabilidad de cualquier negocio. Aunque la rentabilidad es importante, la falta de liquidez puede llevar a la insolvencia y al cierre de la empresa, incluso si el negocio es rentable en papel. Comprender y gestionar adecuadamente el flujo de caja es crucial para asegurar no solo la supervivencia, sino también el crecimiento sostenible del negocio a largo plazo. La planificación, la previsión y la flexibilidad son elementos clave que pueden marcar la diferencia entre el éxito y el fracaso en el mundo empresarial.

Métodos para mejorar el flujo de caja

Mejorar el flujo de caja es una tarea esencial para cualquier emprendedor que busque asegurar la viabilidad y el crecimiento de su negocio. Existen varias estrategias efectivas que pueden ser implementadas, y estas se pueden agrupar en tres categorías principales: reducción de costos, optimización de ingresos y gestión eficiente de las cuentas por cobrar y por pagar. Cada uno de estos métodos puede contribuir a un flujo de caja más saludable y sostenible.

Comenzando con la **reducción de costos**, este es un enfoque directo que puede ofrecer resultados inmediatos. Los emprendedores deben realizar un análisis exhaustivo de todos los gastos asociados con el negocio. Esto incluye tanto los costos fijos, como el alquiler y los salarios, como los costos variables, que pueden fluctuar según el volumen de ventas. Identificar áreas donde se pueden realizar recortes, sin comprometer la calidad del producto o servicio, es clave. Esto puede incluir renegociar contratos con proveedores para obtener mejores tarifas, buscar alternativas más económicas para ciertos insumos o servicios, y revisar los gastos operativos para eliminar gastos innecesarios.

La implementación de tecnologías que automaticen procesos también puede ser una forma efectiva de reducir costos. Por ejemplo, software de gestión que permita llevar un control más eficiente del inventario, así como herramientas de contabilidad que faciliten el seguimiento de ingresos y gastos, pueden ayudar a minimizar los costos operativos a largo plazo. Además, una gestión más eficiente de los recursos humanos, optimizando la programación de horarios y tareas, puede contribuir a una reducción significativa de los costos laborales.

Pasando a la **optimización de ingresos**, es fundamental que los emprendedores busquen formas de maximizar las ventas y mejorar la propuesta de valor de sus productos o servicios. Esto puede incluir el desarrollo de nuevas ofertas o la mejora de las existentes para satisfacer mejor las necesidades del cliente. Una buena estrategia de marketing también es esencial; invertir en la promoción adecuada puede atraer a más clientes y aumentar las ventas.

Además, la diversificación de productos o servicios puede ofrecer nuevas fuentes de ingresos y ayudar a mitigar el riesgo. Por ejemplo, si un negocio se dedica a la venta de un único producto, la introducción de variaciones o complementos puede atraer a diferentes segmentos de mercado. También es útil considerar la posibilidad de ajustar los precios, evaluando si hay margen para aumentarlos sin perder competitividad. En algunos casos, un ligero incremento en el precio puede tener un impacto positivo en el flujo de caja sin afectar negativamente las ventas.

Finalmente, la **gestión de cuentas por cobrar y por pagar** es un aspecto crucial en la mejora del flujo de caja. Una parte esencial de esta gestión es establecer políticas claras sobre el crédito a los clientes. Los emprendedores deben evaluar la capacidad de pago de sus clientes antes de otorgarles crédito y establecer plazos de pago claros. Para fomentar pagos más rápidos, se pueden ofrecer descuentos por pronto pago o incentivos que motiven a los clientes a liquidar sus facturas antes de la fecha de vencimiento.

Por otro lado, la gestión de cuentas por pagar también es esencial. Es fundamental pagar las facturas a tiempo para mantener buenas relaciones con proveedores, pero esto debe hacerse de manera que no se comprometa el flujo de caja. Los emprendedores pueden aprovechar los plazos de pago ofrecidos por los proveedores, permitiendo así que el negocio conserve efectivo por más tiempo. Planificar los pagos de manera que coincidan con los ingresos entrantes puede ayudar a evitar problemas de liquidez.

Además, realizar un seguimiento regular del flujo de caja y utilizar pronósticos a corto y largo plazo permitirá a los emprendedores anticiparse a posibles problemas y tomar decisiones informadas. Las proyecciones de flujo de caja pueden ayudar a identificar períodos de alta demanda y ajustar los gastos y las inversiones en consecuencia.

Mejorar el flujo de caja es una tarea esencial que requiere un enfoque integral. Al reducir costos, optimizar ingresos y gestionar adecuadamente las cuentas por cobrar y por pagar, los emprendedores pueden asegurar un flujo de caja saludable que no solo permita la supervivencia del negocio, sino que también fomente su crecimiento y sostenibilidad en el competitivo mundo empresarial. Implementar estas estrategias de manera coherente y reflexiva contribuirá a la estabilidad financiera y al éxito a largo plazo de la empresa.

• Herramientas de proyección de flujo de caja

Las herramientas de proyección de flujo de caja son fundamentales para que los emprendedores puedan anticipar problemas financieros y preparar planes de contingencia efectivos. Un manejo proactivo del flujo de caja permite a las empresas prever dificultades antes de que se conviertan en crisis y tomar decisiones informadas que aseguren la continuidad del negocio. A continuación, exploraremos algunas de las herramientas y técnicas más eficaces para la proyección del flujo de caja.

Una de las herramientas más básicas y efectivas es la **hoja de cálculo**, que permite a los emprendedores crear un modelo de flujo de caja adaptado a las necesidades específicas de su negocio. Utilizando software como Excel o Google Sheets, se pueden construir plantillas que incluyan todas las entradas y salidas de efectivo proyectadas durante un período determinado, como mensual o trimestral. Esta personalización permite una mayor precisión en las estimaciones, ya que se pueden incorporar variables específicas del negocio, como estacionalidades en las ventas o cambios en los costos. Además, estas hojas de cálculo pueden ser fácilmente ajustadas y actualizadas a medida que se dispone de nueva información.

Otra herramienta útil es el **software de gestión financiera**, que a menudo incluye módulos para la proyección del flujo de caja. Estas aplicaciones permiten automatizar el proceso de seguimiento del efectivo, facilitando la integración de datos en tiempo real. Por ejemplo, herramientas como QuickBooks, FreshBooks o Wave ofrecen funciones de proyección de flujo de caja que generan informes y gráficos visuales que ayudan a los emprendedores a entender mejor su situación financiera. La ventaja de utilizar software especializado es que reduce la posibilidad de errores manuales y permite acceder a análisis más profundos y precisos.

La **metodología de escenarios** también es una técnica efectiva en la proyección del flujo de caja. Este enfoque implica crear diferentes escenarios de ingresos y gastos, considerando variables como el crecimiento de las ventas, cambios en los costos o situaciones imprevistas. Por ejemplo, se pueden desarrollar escenarios optimistas, pesimistas y realistas para evaluar cómo cada uno afectaría el flujo de caja del negocio. Esta práctica no solo ayuda a identificar los puntos críticos en los que se puede necesitar intervención, sino que también prepara a los emprendedores para reaccionar de manera efectiva ante diferentes situaciones del mercado.

Además, es importante establecer **indicadores clave de rendimiento (KPI)** relacionados con el flujo de caja. Estos indicadores pueden incluir métricas como el ciclo de conversión de efectivo, que mide el tiempo que tarda un negocio en convertir sus inversiones en inventario y otros recursos en efectivo por ventas. Monitorear estos KPI regularmente permite a los emprendedores detectar tendencias preocupantes y actuar rápidamente para mitigar riesgos.

Una herramienta adicional es la **elaboración de un presupuesto de flujo de caja**, que es una proyección detallada de todas las entradas y salidas de efectivo esperadas en un período específico. Este presupuesto debe basarse en datos históricos y proyecciones realistas, y debe ser revisado y ajustado periódicamente para reflejar cambios en el negocio o el entorno económico. La creación de un presupuesto de flujo de caja no solo ayuda a anticipar problemas, sino que también establece un marco para la toma de decisiones financieras.

La **comunicación constante** con los asesores financieros, contadores o consultores puede ser una herramienta invaluable. Estos profesionales pueden ayudar a los emprendedores a interpretar los datos financieros y ofrecer perspectivas sobre las tendencias del flujo de caja. Además, pueden proporcionar orientación sobre cómo preparar planes de contingencia que aborden problemas específicos que podrían surgir.

Las herramientas de proyección de flujo de caja son esenciales para cualquier emprendedor que desee anticipar problemas y prepararse para ellos. Utilizando hojas de cálculo personalizadas, software de gestión financiera, metodologías de escenarios, indicadores clave de rendimiento, presupuestos de flujo de caja y la asesoría de profesionales, los emprendedores pueden mantener un control efectivo sobre su liquidez y asegurarse de que su negocio esté preparado para enfrentar cualquier eventualidad. Esta proactividad en la gestión financiera no solo contribuye a la estabilidad del negocio, sino que también fortalece la capacidad del emprendedor para tomar decisiones estratégicas y construir un futuro sostenible.

Capítulo 6: Análisis Financiero para Toma de Decisiones

- ## Métricas financieras clave

Las métricas financieras clave son herramientas esenciales que permiten a los emprendedores evaluar la salud y el desempeño de su negocio. Comprender estas métricas no solo ayuda a medir el éxito financiero, sino que también proporciona información valiosa para la toma de decisiones estratégicas. A continuación, exploraremos algunas de las métricas más relevantes, incluyendo el retorno sobre la inversión (ROI), el margen de beneficio, la rentabilidad del capital y el costo de adquisición de clientes.

El **retorno sobre la inversión (ROI)** es una de las métricas más utilizadas para medir la eficiencia de una inversión. Se expresa como un porcentaje y se calcula dividiendo el beneficio neto obtenido de una inversión por el costo de la inversión, multiplicado por 100. Un ROI positivo indica que la inversión ha generado más dinero del que se gastó, lo que es un signo de éxito. Por el contrario, un ROI negativo sugiere que la inversión no ha sido rentable. Esta métrica es especialmente útil para los emprendedores que buscan evaluar el desempeño de diferentes proyectos o iniciativas dentro de su negocio, permitiendo identificar cuáles están generando el mayor valor. Sin embargo, es importante recordar que el ROI no considera factores como el tiempo, por lo que es recomendable complementarlo con otras métricas para obtener una visión más completa.

El **margen de beneficio** se refiere a la diferencia entre los ingresos y los gastos de un negocio, y se expresa como un porcentaje de los ingresos totales. Este indicador se puede calcular para diferentes niveles de beneficio, como el margen bruto, que considera solo el costo de los bienes vendidos, y el margen operativo, que incluye gastos operativos adicionales. Un margen de beneficio alto indica que un negocio es eficiente en el control de sus costos en relación con sus ingresos, lo que a su vez puede proporcionar un mayor espacio para la reinversión o para enfrentar imprevistos. Por lo tanto, los emprendedores deben trabajar constantemente para mejorar sus márgenes de beneficio, ya sea aumentando los precios, reduciendo costos o mejorando la eficiencia operativa.

La **rentabilidad del capital** es otra métrica crítica que evalúa la capacidad de un negocio para generar ganancias a partir del capital invertido. Se calcula dividiendo el beneficio neto por el capital total invertido en el negocio. Esta métrica es especialmente relevante para los inversores, ya que les permite entender cuán efectivamente se está utilizando su capital para generar rendimientos. Una alta rentabilidad del capital puede atraer a inversores potenciales y demostrar que el negocio está gestionado de manera eficaz. A los emprendedores les conviene estar siempre atentos a esta métrica, buscando maneras de optimizar la utilización del capital y mejorar los retornos a lo largo del tiempo.

El **costo de adquisición de clientes (CAC)** es una métrica que permite a los emprendedores medir cuánto les cuesta, en promedio, adquirir un nuevo cliente. Se calcula sumando todos los costos asociados a la adquisición de clientes, como gastos de marketing, ventas y otros costos operativos, y dividiéndolos por el número total de nuevos clientes adquiridos en un período determinado. El CAC es crucial para evaluar la efectividad de las estrategias de marketing y ventas, así como para entender la rentabilidad a largo plazo de los clientes adquiridos. Un CAC alto en comparación con el valor de vida del cliente (LTV) puede indicar que el negocio no es sostenible, ya que significa que se está gastando demasiado para atraer clientes que no generan suficientes ingresos a lo largo de su relación con la empresa. Por lo tanto, es esencial que los emprendedores controlen este indicador y busquen formas de reducir el CAC, ya sea mejorando la segmentación de mercado, optimizando las campañas publicitarias o ajustando el enfoque de ventas.

Las métricas financieras clave como el ROI, el margen de beneficio, la rentabilidad del capital y el costo de adquisición de clientes son herramientas vitales para los emprendedores. Estas métricas no solo ayudan a evaluar la situación financiera actual del negocio, sino que también proporcionan una base sólida para la planificación futura y la toma de decisiones estratégicas. Al monitorear y analizar regularmente estas métricas, los emprendedores pueden identificar oportunidades de mejora, hacer ajustes informados y, en última instancia, trabajar hacia un crecimiento sostenible y exitoso de su negocio.

• Análisis de punto de equilibrio

El análisis de punto de equilibrio es una herramienta financiera fundamental que permite a los emprendedores determinar el nivel de ventas necesario para cubrir todos los costos fijos y variables asociados con la operación de su negocio. Este análisis es esencial, ya que proporciona una comprensión clara de cuándo un negocio comenzará a generar beneficios, lo que a su vez es crucial para la planificación estratégica y la toma de decisiones informadas.

El punto de equilibrio se define como el nivel de ventas en el cual los ingresos totales son iguales a los costos totales. En este punto, el negocio no genera ni pérdidas ni ganancias. Para calcularlo, se identifican los costos fijos y los costos variables. Los costos fijos son aquellos que no cambian independientemente del nivel de producción o ventas, como el alquiler, salarios del personal fijo y gastos de servicios públicos. Por otro lado, los costos variables son aquellos que fluctúan con la producción, como los costos de materiales y suministros.

Una vez que se han determinado estos costos, el siguiente paso es calcular el precio de venta por unidad. Con esta información, se puede aplicar la fórmula del punto de equilibrio, que generalmente se expresa en unidades o en valor monetario. Al determinar cuántas unidades deben venderse para alcanzar el punto de equilibrio, los emprendedores pueden tener una idea clara de la cantidad mínima de ventas que deben lograr para comenzar a ver beneficios.

El análisis de punto de equilibrio no solo ayuda a identificar el umbral de rentabilidad, sino que también proporciona información valiosa sobre la sostenibilidad del modelo de negocio. Al conocer su punto de equilibrio, un emprendedor puede evaluar si el precio de venta establecido es suficiente para cubrir los costos y aún así generar un margen de beneficio aceptable. Si el punto de equilibrio es demasiado alto en comparación con las proyecciones de ventas, puede ser una señal de que es necesario ajustar los precios, reducir costos o cambiar la estrategia de negocio.

Además, el análisis de punto de equilibrio permite a los emprendedores evaluar el impacto de diferentes escenarios en la rentabilidad. Por ejemplo, si se considera un aumento en los costos fijos, como la contratación de personal adicional o la expansión del espacio de operación, el análisis puede mostrar cómo esto afectaría el punto de equilibrio y cuántas ventas adicionales serían necesarias para compensar esos costos. De igual manera, si se planifica una reducción de precios, es crucial comprender cómo esto impactará el volumen de ventas requerido para alcanzar la rentabilidad.

Otro aspecto importante del análisis de punto de equilibrio es su capacidad para ayudar a establecer objetivos de ventas. Al entender el nivel de ventas necesario para cubrir los costos, los emprendedores pueden fijar metas realistas y medibles que los ayuden a evaluar el rendimiento del negocio a lo largo del tiempo. Este enfoque puede resultar motivador y proporcionar un sentido de dirección en el camino hacia la rentabilidad.

Es importante tener en cuenta que el análisis de punto de equilibrio debe ser un ejercicio continuo. A medida que el negocio evoluciona, y se introducen nuevos productos, se ajustan los precios o se producen cambios en los costos, el punto de equilibrio también puede cambiar. Por lo tanto, los emprendedores deben revisar regularmente su análisis para asegurarse de que siga siendo relevante y útil en la toma de decisiones.

El análisis de punto de equilibrio es una herramienta invaluable para los emprendedores que desean comprender cuándo comenzará su negocio a generar beneficios. Al identificar el nivel de ventas necesario para cubrir los costos, este análisis no solo ayuda a establecer objetivos de ventas y evaluar la sostenibilidad del modelo de negocio, sino que también permite realizar ajustes estratégicos para mejorar la rentabilidad. Con un manejo adecuado del análisis de punto de equilibrio, los emprendedores pueden tomar decisiones más informadas y dirigir sus esfuerzos hacia el éxito financiero a largo plazo.

Toma de decisiones basadas en datos

La toma de decisiones basadas en datos se ha convertido en un pilar fundamental en la gestión empresarial moderna, especialmente para los emprendedores que buscan optimizar sus operaciones y asegurar la viabilidad de sus negocios. Este enfoque implica el uso de métricas y análisis para guiar las decisiones estratégicas, permitiendo a los emprendedores identificar oportunidades, resolver problemas y adaptar su dirección en función de la información obtenida de su entorno operativo.

Uno de los principales beneficios de la toma de decisiones basada en datos es la capacidad de respaldar las decisiones con evidencia concreta, en lugar de depender únicamente de la intuición o la experiencia. Al analizar métricas financieras y operativas, los emprendedores pueden obtener una comprensión más profunda de cómo está funcionando su negocio. Por ejemplo, métricas como el retorno sobre la inversión (ROI), el margen de beneficio, el costo de adquisición de clientes (CAC) y el valor de vida del cliente (LTV) permiten a los empresarios evaluar la efectividad de sus estrategias de marketing y ventas. Con esta información, pueden decidir si deben ajustar sus campañas, redirigir sus recursos o explorar nuevas oportunidades de mercado.

Además, el uso de métricas puede ayudar a los emprendedores a identificar tendencias y patrones a lo largo del tiempo. Al analizar los datos históricos de ventas, por ejemplo, se pueden descubrir ciclos estacionales o cambios en el comportamiento del consumidor que pueden informar futuras decisiones de inventario y producción. Con esta información, los emprendedores pueden anticipar demandas fluctuantes y ajustar sus estrategias de producción y marketing en consecuencia, lo que puede resultar en una mayor eficiencia operativa y una reducción de costos.

La planificación y ajuste de la estrategia empresarial también se beneficia enormemente del análisis de datos en tiempo real. Hoy en día, muchas herramientas digitales permiten a los emprendedores rastrear el desempeño de sus negocios en tiempo real, proporcionando información instantánea sobre ventas, gastos y otros indicadores clave. Este acceso a datos actualizados permite tomar decisiones más ágiles y oportunas. Por ejemplo, si una campaña publicitaria no está generando el retorno esperado, los emprendedores pueden decidir realizar ajustes inmediatos en lugar de esperar hasta el final del mes para analizar los resultados.

Asimismo, el análisis de datos puede facilitar la identificación de riesgos potenciales. Al monitorear métricas financieras y operativas clave, los emprendedores pueden detectar anomalías o tendencias preocupantes que podrían indicar problemas inminentes. Por ejemplo, un aumento en el costo de los bienes vendidos sin un incremento correspondiente en los ingresos puede ser una señal de advertencia de que se están enfrentando problemas de rentabilidad. Al abordar estos problemas antes de que se conviertan en crisis, los emprendedores pueden proteger sus negocios y garantizar su sostenibilidad a largo plazo.

La personalización y segmentación del mercado es otro área en la que la toma de decisiones basada en datos puede marcar una gran diferencia. Al analizar los datos de los clientes, incluidos sus hábitos de compra, preferencias y comportamientos, los emprendedores pueden adaptar sus productos y servicios para satisfacer mejor las necesidades de sus clientes. Esto no solo puede mejorar la satisfacción del cliente, sino que también puede resultar en un aumento de las ventas y una mayor lealtad a la marca. Al segmentar a los clientes en grupos específicos, los emprendedores pueden desarrollar estrategias de marketing más efectivas y dirigidas, maximizando el impacto de sus esfuerzos promocionales.

Es importante destacar que para implementar con éxito la toma de decisiones basada en datos, los emprendedores deben estar dispuestos a fomentar una cultura organizacional que valore el análisis y la transparencia. Esto implica capacitar a los equipos para que comprendan y utilicen datos en su trabajo diario, así como establecer procesos que permitan la recopilación y análisis sistemático de datos. Una cultura centrada en los datos no solo mejora la toma de decisiones a nivel estratégico, sino que también empodera a los empleados, alentándolos a contribuir con ideas y sugerencias basadas en información concreta.

La toma de decisiones basadas en datos es esencial para los emprendedores que buscan mejorar la efectividad de sus estrategias empresariales. Al utilizar métricas y análisis para planificar y ajustar sus enfoques, pueden identificar oportunidades de crecimiento, anticipar problemas y personalizar su oferta para satisfacer las necesidades del mercado. Con el acceso a datos en tiempo real y un compromiso con la cultura del análisis, los emprendedores están mejor equipados para tomar decisiones informadas que impulsen el éxito a largo plazo de sus negocios.

Capítulo 7: Control y Auditoría Financiera

• Importancia de la contabilidad para emprendedores

La contabilidad desempeña un papel crucial en la gestión de un negocio, y su importancia para los emprendedores no puede subestimarse. Llevar un control detallado de las finanzas es fundamental para la toma de decisiones informadas, la planificación estratégica y la sostenibilidad a largo plazo del negocio. La contabilidad no solo se trata de llevar un registro de las transacciones financieras; es un sistema integral que permite a los emprendedores comprender la salud financiera de su empresa, planificar el futuro y cumplir con las obligaciones legales y fiscales.

Una de las funciones más importantes de la contabilidad es proporcionar una imagen clara y precisa de la situación financiera del negocio. A través de registros meticulosos, los emprendedores pueden tener acceso a datos sobre ingresos, gastos, activos y pasivos, lo que les permite evaluar su rendimiento. Esto es esencial no solo para saber si el negocio está generando ganancias, sino también para identificar áreas de mejora. Por ejemplo, si se observa que ciertos costos están aumentando sin justificación, la contabilidad permite a los emprendedores analizar estas variaciones y tomar decisiones informadas para controlarlas.

Además, la contabilidad ayuda a los emprendedores a cumplir con sus responsabilidades fiscales. Mantener un registro detallado de las transacciones y realizar un seguimiento de los ingresos y gastos facilita la preparación de informes financieros y declaraciones fiscales. Esto no solo asegura el cumplimiento de las leyes tributarias, sino que también evita problemas futuros con las autoridades fiscales. Una gestión contable deficiente puede resultar en sanciones, auditorías o incluso en la pérdida de la licencia para operar el negocio. Por lo tanto, tener un sistema contable bien organizado es fundamental para mitigar riesgos y mantener la integridad del negocio.

Otro aspecto crítico de la contabilidad es su papel en la planificación financiera. A través del análisis de los datos contables, los emprendedores pueden realizar proyecciones financieras y establecer presupuestos. Estas herramientas son esenciales para tomar decisiones estratégicas sobre inversiones, expansión y asignación de recursos. Por ejemplo, al analizar el flujo de caja y las proyecciones de ingresos, un emprendedor puede determinar si es el momento adecuado para lanzar un nuevo producto o abrir una nueva ubicación. Sin una contabilidad sólida, estas decisiones se basarían en suposiciones, lo que podría llevar a resultados desfavorables.

La contabilidad también es vital para la obtención de financiamiento. Los prestamistas e inversionistas requieren estados financieros precisos y bien organizados para evaluar la viabilidad del negocio antes de otorgar préstamos o invertir capital. Un registro contable claro y profesional puede aumentar la credibilidad de un emprendedor y facilitar el acceso a fondos externos. Además, una buena contabilidad permite a los emprendedores presentar un caso sólido sobre su capacidad para generar ingresos y gestionar gastos, lo que puede ser decisivo a la hora de asegurar financiamiento.

La contabilidad también ofrece la ventaja de facilitar el análisis de la rentabilidad. Al evaluar los ingresos en relación con los costos, los emprendedores pueden identificar los productos o servicios más rentables y aquellos que podrían no estar generando el retorno esperado. Este tipo de análisis permite a los emprendedores ajustar su oferta y enfocarse en lo que realmente impulsa el éxito financiero del negocio. Por ejemplo, si un producto específico tiene márgenes de beneficio más altos, puede ser beneficioso aumentar su promoción o mejorar su distribución.

Asimismo, la contabilidad fomenta la responsabilidad y la transparencia dentro de la organización. Al establecer un sistema contable claro y accesible, los emprendedores pueden promover una cultura de responsabilidad entre los empleados, incentivando a todos a ser más conscientes de los costos y el uso de los recursos. Esto no solo ayuda a controlar gastos, sino que también fomenta un ambiente de trabajo más colaborativo, donde todos están alineados con los objetivos financieros del negocio.

En un entorno empresarial en constante cambio, la contabilidad proporciona la agilidad necesaria para adaptarse a nuevas realidades. Al tener un control detallado de las finanzas, los emprendedores pueden responder rápidamente a cambios en el mercado, ajustar estrategias y realizar pivotes cuando sea necesario. La información financiera en tiempo real permite una mayor capacidad de respuesta y adaptación, lo cual es esencial para sobrevivir y prosperar en un mundo empresarial dinámico.

La contabilidad es una herramienta vital para los emprendedores que desean llevar un control detallado de las finanzas de su negocio. Desde la evaluación de la salud financiera y la planificación estratégica hasta el cumplimiento de las obligaciones fiscales y la obtención de financiamiento, la contabilidad proporciona la base sobre la cual se construye el éxito empresarial. Al adoptar un enfoque proactivo y organizado hacia la contabilidad, los emprendedores no solo pueden garantizar la viabilidad de sus negocios, sino también posicionarse para el crecimiento y la sostenibilidad a largo plazo.

Realización de auditorías periódicas

La realización de auditorías periódicas es un componente esencial en la gestión financiera de cualquier negocio, y su importancia se amplifica en el contexto de los emprendedores que buscan no solo mantener, sino también mejorar la salud financiera de sus empresas. Las auditorías permiten una revisión exhaustiva de las finanzas de la organización, lo que ayuda a identificar errores, prevenir fraudes y asegurar que se sigan las prácticas contables adecuadas. A través de este proceso, los emprendedores pueden obtener una visión clara de la situación financiera de su negocio y tomar decisiones informadas que contribuyan a su sostenibilidad y crecimiento.

Una de las principales funciones de las auditorías es proporcionar una evaluación objetiva e independiente de las finanzas del negocio. Esto implica revisar los estados financieros, las transacciones y los registros contables para asegurar que reflejen de manera precisa la realidad económica de la empresa. Este análisis no solo permite detectar discrepancias o errores en los registros, sino que también ayuda a identificar áreas donde los procesos pueden ser mejorados. Por ejemplo, si se encuentran inconsistencias en los informes de ingresos, la auditoría puede llevar a una revisión de los procedimientos de facturación y cobro, asegurando que se establezcan controles más rigurosos para evitar problemas futuros.

Además, las auditorías periódicas son fundamentales para prevenir fraudes. En un entorno empresarial, especialmente en los pequeños y medianos negocios, la falta de controles internos sólidos puede crear oportunidades para conductas fraudulentas. La auditoría actúa como un disuasivo, ya que el simple hecho de saber que se realizará una revisión puede hacer que los empleados piensen dos veces antes de cometer actos deshonestos. Asimismo, en el caso de que se identifiquen irregularidades, la auditoría proporciona una base sólida para investigar y abordar el problema, protegiendo así los activos y la reputación de la empresa.

Un aspecto clave de las auditorías es su capacidad para identificar y mitigar riesgos financieros. A medida que un negocio crece, también lo hacen los riesgos asociados con la gestión de sus finanzas. Las auditorías permiten a los emprendedores evaluar su exposición a diferentes tipos de riesgos, desde la falta de liquidez hasta la inadecuada gestión de deudas. Al identificar estos riesgos de manera proactiva, los emprendedores pueden implementar estrategias de mitigación, como la diversificación de fuentes de ingresos o la creación de reservas financieras, que fortalezcan la estabilidad financiera de la empresa.

Las auditorías también ayudan a garantizar el cumplimiento de las normativas fiscales y contables. Con un entorno regulatorio en constante evolución, es crucial que los emprendedores mantengan sus registros al día y cumplan con las leyes aplicables. Las auditorías ofrecen una oportunidad para revisar los procedimientos contables y fiscales, asegurando que la empresa esté cumpliendo con todas sus obligaciones. Esto no solo ayuda a evitar sanciones y multas, sino que también contribuye a establecer una reputación de transparencia y ética en el mercado.

Otro beneficio significativo de realizar auditorías periódicas es que facilitan la toma de decisiones informadas. Con una revisión exhaustiva de las finanzas y un análisis de las áreas que requieren atención, los emprendedores están mejor equipados para planificar y tomar decisiones estratégicas. Por ejemplo, si la auditoría revela que ciertos productos o servicios son menos rentables de lo esperado, el emprendedor puede optar por modificar su estrategia de marketing o incluso descontinuar la oferta. Esta capacidad de adaptación es vital para el éxito a largo plazo del negocio.

Las auditorías también proporcionan una valiosa oportunidad para la educación y el desarrollo de habilidades dentro de la organización. Involucrar a los empleados en el proceso de auditoría les permite comprender mejor los aspectos financieros del negocio y cómo su trabajo impacta en la salud general de la empresa. Esto no solo fomenta una mayor responsabilidad entre el equipo, sino que también promueve una cultura organizacional más consciente y alineada con los objetivos financieros del negocio.

La realización de auditorías periódicas contribuye a la transparencia y confianza tanto dentro como fuera de la empresa. Los inversionistas, prestamistas y otras partes interesadas suelen requerir información clara y precisa sobre la salud financiera de una empresa antes de comprometerse con ella. Una auditoría bien ejecutada y documentada puede mejorar la percepción de la empresa ante estos grupos, facilitando el acceso a financiamiento y oportunidades de colaboración.

La realización de auditorías periódicas es un aspecto vital de la gestión financiera para los emprendedores. Este proceso no solo ayuda a revisar la salud financiera del negocio y a prevenir fraudes o errores, sino que también permite identificar riesgos, garantizar el cumplimiento normativo y facilitar la toma de decisiones informadas. Al integrar las auditorías en su práctica empresarial, los emprendedores pueden establecer una base sólida para el crecimiento sostenible y la prosperidad a largo plazo de sus negocios.

• Uso de software de contabilidad para emprendedores

El uso de software de contabilidad se ha convertido en una herramienta esencial para los emprendedores que desean gestionar sus finanzas de manera eficiente y precisa. Estos programas no solo simplifican el proceso de llevar registros contables, sino que también ofrecen una variedad de funcionalidades que pueden ser vitales para el éxito de un negocio. En un entorno empresarial cada vez más competitivo, contar con un software adecuado puede marcar la diferencia en la gestión de los recursos financieros y en la toma de decisiones estratégicas.

En primer lugar, uno de los principales beneficios de utilizar software de contabilidad es la automatización de procesos que, de otro modo, podrían ser tediosos y propensos a errores. Los programas de contabilidad permiten registrar automáticamente las transacciones financieras, generando informes en tiempo real y reduciendo la carga administrativa que enfrentan los emprendedores. Esto no solo ahorra tiempo, sino que también aumenta la precisión de los datos financieros, lo cual es fundamental para la planificación y el análisis.

Existen varias opciones de software de contabilidad en el mercado que se adaptan a diferentes tipos de negocios y necesidades. Algunas de las más recomendadas incluyen QuickBooks, Xero y FreshBooks. QuickBooks es una de las herramientas más populares entre los pequeños empresarios debido a su versatilidad y a la variedad de funciones que ofrece, como la gestión de facturas, el seguimiento de gastos y la elaboración de informes financieros. Xero es otra opción destacada, especialmente apreciada por su interfaz amigable y por su capacidad para integrarse con otras aplicaciones empresariales. FreshBooks, por su parte, se enfoca en la gestión de facturación y seguimiento del tiempo, lo que lo convierte en una excelente opción para profesionales independientes y pequeñas empresas de servicios.

Al elegir un software de contabilidad, es crucial considerar la escalabilidad del mismo. A medida que el negocio crece, las necesidades financieras pueden cambiar, por lo que seleccionar un software que pueda adaptarse a estas necesidades es vital. Muchos de los programas actuales ofrecen diferentes planes y características que se pueden activar o desactivar según el tamaño y las necesidades del negocio. Por lo tanto, es recomendable investigar y optar por un software que no solo satisfaga las necesidades actuales, sino que también pueda crecer junto con el negocio.

Una vez elegido el software adecuado, los emprendedores deben dedicar tiempo a familiarizarse con sus funcionalidades. La mayoría de estos programas ofrecen tutoriales y recursos de capacitación que pueden ayudar a los usuarios a sacar el máximo provecho de las herramientas disponibles. Desde la configuración inicial hasta la generación de informes avanzados, comprender cómo utilizar cada función de manera efectiva es fundamental para maximizar el valor del software. Esto incluye aprender a personalizar plantillas de facturas, configurar alertas para el seguimiento de gastos y utilizar herramientas de análisis para evaluar la salud financiera del negocio.

Además, el uso de software de contabilidad permite a los emprendedores acceder a datos financieros desde cualquier lugar y en cualquier momento. La mayoría de las soluciones en la nube ofrecen aplicaciones móviles que facilitan el seguimiento de los gastos y la gestión de las finanzas sobre la marcha. Esto es particularmente valioso para aquellos emprendedores que están en constante movimiento y necesitan mantener un control preciso de sus finanzas sin estar atados a un escritorio. La capacidad de acceder a información actualizada en tiempo real proporciona una ventaja significativa en la toma de decisiones rápidas y bien informadas.

Otro aspecto relevante del uso de software de contabilidad es la capacidad de generar informes financieros personalizados y detallados. Estos informes son esenciales para evaluar el rendimiento del negocio y planificar el futuro. Los emprendedores pueden crear informes de flujo de efectivo, balances generales y estados de resultados con solo unos clics, lo que les permite analizar su situación financiera de manera más efectiva. Estos informes también son útiles cuando se trata de presentar información a inversionistas, prestamistas o auditores, ya que demuestran un control financiero sólido y transparente.

La integración con otras herramientas y aplicaciones también es un aspecto a considerar al elegir un software de contabilidad. Muchos de los programas disponibles se integran fácilmente con plataformas de comercio electrónico, sistemas de gestión de relaciones con clientes (CRM) y herramientas de marketing. Esta integración permite que la información fluya sin problemas entre diferentes áreas del negocio, lo que mejora la eficiencia y reduce la duplicación de esfuerzos. Por ejemplo, al integrar el software de contabilidad con una plataforma de comercio electrónico, las transacciones se registran automáticamente, lo que minimiza el riesgo de errores y ahorra tiempo en la entrada de datos.

La seguridad es un aspecto crucial a considerar en el uso de software de contabilidad. Dado que las finanzas son uno de los activos más sensibles de un negocio, es esencial elegir un programa que ofrezca características de seguridad robustas, como cifrado de datos y autenticación de múltiples factores. La protección de la información financiera no solo es importante para evitar fraudes, sino que también ayuda a mantener la confianza de los clientes y socios comerciales.

El uso de software de contabilidad es una herramienta valiosa para los emprendedores que buscan gestionar sus finanzas de manera eficiente y efectiva. Con una variedad de opciones disponibles en el mercado, elegir el software adecuado y aprender a utilizar sus funcionalidades puede marcar una gran diferencia en la salud financiera del negocio. Al aprovechar estas herramientas, los emprendedores pueden no solo simplificar la gestión contable, sino también tomar decisiones más informadas y estratégicas que impulsen el crecimiento y la sostenibilidad de su empresa.

Capítulo 8: Estrategias para Crecer Financieramente

• Reinversión de beneficios

La reinversión de beneficios es una estrategia fundamental para el crecimiento y la sostenibilidad a largo plazo de cualquier emprendimiento. Implica destinar las ganancias generadas por el negocio de nuevo a la empresa, en lugar de extraerlas para consumo personal o distribución entre socios. Esta práctica puede potenciar la capacidad del negocio para expandirse, innovar y adaptarse a un mercado en constante cambio. Sin embargo, decidir cuándo y cómo reinvertir requiere una planificación cuidadosa y un análisis crítico de las necesidades y oportunidades del negocio.

En primer lugar, es crucial identificar el **momento adecuado** para la reinversión de beneficios. Hay varias señales que pueden indicar que es el momento propicio para reinvertir. Una de las más evidentes es el crecimiento sostenido de las ventas. Si el negocio ha mostrado un aumento consistente en los ingresos y ha logrado una rentabilidad sólida, esto puede ser un indicativo de que hay margen para reinvertir sin comprometer la salud financiera de la empresa. Además, la capacidad de generar flujos de efectivo positivos es un factor determinante; si la empresa puede mantener su operativa diaria y aún así contar con fondos sobrantes, es un buen momento para considerar reinversiones.

Otro factor a considerar es la situación del mercado. La identificación de tendencias emergentes o cambios en la demanda puede presentar oportunidades valiosas. Si se observa un aumento en la demanda de productos o servicios específicos, reinvertir en la expansión de esa línea puede generar beneficios adicionales. Asimismo, el análisis de la competencia y las condiciones del sector puede ayudar a identificar áreas donde el negocio puede destacarse mediante inversiones estratégicas.

Además, la **naturaleza del negocio** también influye en la decisión de reinvertir. Algunos sectores requieren inversiones constantes en tecnología, investigación y desarrollo, o en la mejora de procesos para mantenerse competitivos. Por ejemplo, una empresa de tecnología podría necesitar reinvertir en desarrollo de software o hardware para seguir siendo relevante. En contraste, un negocio en una industria más estable podría encontrar que reinvertir en marketing o en la capacitación del personal es más beneficioso para el crecimiento a largo plazo.

Cuando se decide reinvertir, es fundamental **definir cómo** se utilizarán esos beneficios. La reinversión puede llevar diversas formas, y cada una debe alinearse con los objetivos estratégicos del negocio. Algunas opciones incluyen:

1. **Mejoras en Infraestructura**: Esto puede incluir la compra de maquinaria nueva, la mejora de las instalaciones o la actualización de la tecnología. Estas inversiones pueden aumentar la eficiencia y reducir costos operativos a largo plazo.

2. **Desarrollo de Nuevos Productos o Servicios**: La reinversión puede destinarse a la investigación y el desarrollo (I+D) para innovar o mejorar la oferta actual. Esto no solo puede aumentar los ingresos, sino que también puede ayudar a diferenciar el negocio en un mercado competitivo.

3. **Marketing y Publicidad**: Invertir en campañas de marketing puede ser una forma efectiva de aumentar la visibilidad de la marca y atraer nuevos clientes. Esto puede incluir publicidad en redes sociales, marketing de contenidos o promociones especiales.

4. **Capacitación y Desarrollo del Personal**: Invertir en la formación de los empleados no solo mejora la productividad, sino que también puede aumentar la satisfacción laboral y reducir la rotación de personal. Un equipo bien capacitado es un activo valioso para cualquier empresa.

5. **Expansión Geográfica**: Si el negocio ha alcanzado un nivel de estabilidad en su mercado actual, considerar la expansión a nuevos mercados puede ser una estrategia de crecimiento efectiva. Esto puede implicar la apertura de nuevas sucursales o la búsqueda de oportunidades de franquicia.

La reinversión de beneficios no está exenta de riesgos. Es fundamental realizar un análisis exhaustivo de costos y beneficios antes de tomar decisiones de inversión. Esto implica evaluar no solo el retorno esperado de cada inversión, sino también los recursos necesarios y el impacto en la liquidez del negocio. Por ello, es recomendable contar con un plan financiero sólido que contemple diferentes escenarios y permita ajustar la estrategia según las circunstancias.

Asimismo, la comunicación con los socios y el equipo es clave durante el proceso de reinversión. Compartir la visión y los objetivos estratégicos ayudará a alinear esfuerzos y asegurar que todos estén comprometidos con la misión de crecimiento del negocio.

La reinversión de beneficios es una herramienta poderosa para los emprendedores que buscan impulsar el crecimiento y la sostenibilidad de su negocio. Al entender cuándo y cómo realizar estas reinversiones, los empresarios pueden capitalizar las oportunidades del mercado y fortalecer su posición competitiva. Con un enfoque planificado y estratégico, la reinversión de beneficios puede ser un motor clave para el éxito a largo plazo.

• Diversificación de ingresos

La diversificación de ingresos es una estrategia clave para cualquier emprendedor que desee fortalecer la estabilidad y la resiliencia de su negocio. Consiste en ampliar las fuentes de ingresos, en lugar de depender de una única línea de productos o servicios. Esta práctica no solo ayuda a mitigar riesgos, sino que también puede abrir nuevas oportunidades de crecimiento y mejorar la sostenibilidad financiera a largo plazo. A medida que el entorno empresarial se vuelve más complejo y competitivo, diversificar las fuentes de ingresos se convierte en un imperativo estratégico.

Uno de los principales beneficios de la diversificación de ingresos es la reducción del riesgo financiero. Cuando un negocio depende exclusivamente de una única fuente de ingresos, se vuelve vulnerable a fluctuaciones en la demanda, cambios en la economía o movimientos de la competencia. Por ejemplo, si un restaurante se basa únicamente en el servicio de comida en el local, cualquier restricción impuesta por razones sanitarias o cambios en las preferencias del consumidor podría afectar gravemente sus ingresos. Al diversificar, el restaurante podría considerar ofrecer servicios de catering, ventas de productos alimenticios en línea o la entrega a domicilio, lo que le permitiría mantener flujos de efectivo estables incluso en tiempos difíciles.

La diversificación de ingresos no solo ayuda a reducir riesgos, sino que también puede proporcionar una mayor estabilidad financiera. Las empresas que cuentan con múltiples flujos de ingresos suelen experimentar menos volatilidad en sus ganancias. Por ejemplo, una empresa de tecnología que vende software y también ofrece servicios de consultoría puede beneficiarse de ingresos constantes provenientes de suscripciones de software y de tarifas de consultoría. Esto no solo mejora la previsibilidad de los ingresos, sino que también permite a la empresa absorber mejor los impactos de cualquier fluctuación en un sector específico.

Existen diversas estrategias para diversificar los ingresos, y la elección de la más adecuada dependerá de las características del negocio, del mercado y de los recursos disponibles. Algunas de las formas más comunes de diversificación incluyen:

1. **Ampliación de la Gama de Productos o Servicios**: Esto implica ofrecer nuevos productos o servicios que complementen la oferta existente. Por ejemplo, una tienda de ropa podría comenzar a vender accesorios o productos relacionados con la moda. Este enfoque no solo atrae a clientes existentes, sino que también puede captar a nuevos públicos.

2. **Expansión a Nuevos Mercados**: La diversificación geográfica es otra estrategia efectiva. Si un negocio tiene éxito en un área, podría considerar la expansión a otras regiones o incluso a mercados internacionales. Esto puede ayudar a alcanzar a diferentes grupos demográficos y mitigar el riesgo asociado a la concentración en un solo mercado.

3. **Desarrollo de Nuevos Canales de Venta**: La implementación de nuevas plataformas de venta, como el comercio electrónico, puede abrir nuevas fuentes de ingresos. Por ejemplo, una empresa que tradicionalmente ha vendido en una tienda física podría beneficiarse al establecer una tienda en línea, alcanzando a un público más amplio y mejorando la comodidad para los clientes.

4. **Colaboraciones y Alianzas Estratégicas**: Formar asociaciones con otras empresas puede resultar en oportunidades de diversificación. Por ejemplo, una empresa de productos de belleza podría asociarse con una influencer para ofrecer productos exclusivos. Esta colaboración no solo aumenta la visibilidad, sino que también puede atraer a nuevos clientes que confían en la opinión de la influencer.

5. **Licencias y Franquicias**: Si un negocio ha desarrollado un modelo exitoso, considerar licenciar la marca o franquiciar puede ser una forma eficaz de diversificar ingresos sin asumir todos los costos de expansión. Esto permite a otros emprendedores operar bajo la misma marca, generando regalías o tarifas que pueden representar un flujo de ingresos significativo.

6. **Inversiones en Activos Generadores de Ingresos**: Diversificar puede incluir también invertir en activos que generen ingresos pasivos, como bienes raíces o acciones. Estas inversiones pueden proporcionar un flujo constante de ingresos que ayude a equilibrar las fluctuaciones en los ingresos operativos del negocio.

Sin embargo, diversificar no está exento de desafíos. Es fundamental que los emprendedores realicen un análisis exhaustivo antes de embarcarse en nuevas iniciativas. La investigación de mercado es esencial para entender la demanda y la viabilidad de las nuevas fuentes de ingresos. Además, los emprendedores deben asegurarse de que tienen los recursos necesarios, tanto financieros como humanos, para gestionar las nuevas líneas de negocio sin comprometer la calidad de sus operaciones actuales.

La planificación y la evaluación continua son claves en la estrategia de diversificación. Esto implica establecer métricas de rendimiento claras para medir el éxito de las nuevas iniciativas y realizar ajustes según sea necesario. La diversificación debe ser un proceso estratégico y deliberado, en lugar de una respuesta impulsiva a las condiciones del mercado.

La diversificación de ingresos es una estrategia fundamental que permite a los emprendedores reducir riesgos y aumentar la estabilidad financiera de sus negocios. Al ampliar las fuentes de ingresos, no solo se pueden enfrentar mejor las incertidumbres del mercado, sino que también se pueden crear nuevas oportunidades de crecimiento. La clave del éxito radica en la planificación cuidadosa, la investigación de mercado y el compromiso de seguir adaptándose a las necesidades cambiantes de los clientes y del entorno empresarial. Con un enfoque estratégico, la diversificación puede ser un catalizador clave para un crecimiento sostenible y exitoso.

• Expansión vs. estabilidad:

La decisión de expandir un negocio es una de las más críticas que un emprendedor puede enfrentar. Mientras que la expansión puede ofrecer oportunidades emocionantes para el crecimiento y la diversificación de ingresos, también conlleva riesgos significativos que pueden afectar la estabilidad y la viabilidad del negocio. Por tanto, es esencial evaluar cuidadosamente las condiciones actuales del negocio, el mercado y los recursos disponibles antes de tomar esta decisión.

Un primer paso fundamental en este proceso de evaluación es analizar la salud financiera del negocio. Esto implica examinar los estados financieros, como el balance general y el estado de resultados, para determinar si la empresa cuenta con los recursos necesarios para sostener una expansión. Un flujo de caja sólido, junto con márgenes de beneficio saludables, son indicadores de que el negocio tiene la capacidad financiera para soportar los costos asociados a la expansión. La falta de liquidez o una alta dependencia de financiamiento externo pueden ser señales de alerta que sugieren que el momento no es el adecuado para emprender una expansión.

Además, la demanda del mercado es un factor crucial a considerar. Antes de expandirse, los emprendedores deben investigar y analizar el mercado objetivo para determinar si existe una demanda real para los productos o servicios en la nueva área o segmento de mercado. Realizar estudios de mercado puede proporcionar información valiosa sobre las preferencias de los consumidores, la competencia y las tendencias del sector. Si la investigación indica un fuerte interés por parte de los consumidores y la capacidad de la empresa para satisfacer esa demanda, entonces puede ser un buen momento para considerar la expansión.

La competencia también juega un papel importante en esta evaluación. Un entorno competitivo saludable puede ser un indicativo de un mercado vibrante, pero también puede significar que la entrada a ese mercado puede ser difícil. Si la empresa ya tiene una buena cuota de mercado y ha demostrado su capacidad para competir de manera efectiva, puede estar en una posición favorable para expandirse. Por otro lado, si el mercado está dominado por competidores bien establecidos, es posible que la expansión no sea la mejor opción en ese momento.

La capacidad operativa de la empresa es otro aspecto crítico a tener en cuenta. Una expansión exitosa requiere no solo financiamiento, sino también un equipo sólido, procesos operativos eficientes y la infraestructura adecuada para soportar el crecimiento. Si el negocio ya está funcionando a su máxima capacidad, puede que no sea el momento adecuado para expandir, ya que la calidad del producto o servicio podría verse comprometida. En cambio, si la empresa ha optimizado sus operaciones y tiene personal capacitado, la expansión podría ser una opción viable.

El contexto económico general también influye en la decisión de expansión. Factores como las tasas de interés, la inflación y las condiciones del mercado laboral pueden afectar la rentabilidad de una expansión. Por ejemplo, en un entorno de alta inflación, los costos de producción pueden aumentar, lo que podría reducir los márgenes de beneficio. En contraste, un entorno económico favorable con tasas de interés bajas podría facilitar la obtención de financiamiento para la expansión.

Un enfoque estratégico en la planificación de la expansión es igualmente esencial. Esto incluye definir claramente los objetivos de la expansión y cómo se alinean con la visión y misión del negocio. Establecer indicadores de rendimiento y un plan de acción puede ayudar a medir el éxito de la expansión y ajustar la estrategia según sea necesario.

La estabilidad es una consideración igualmente importante. Un negocio bien establecido que genera ingresos constantes y tiene una base de clientes leales puede ser más apto para aventurarse en la expansión. Sin embargo, si la empresa está atravesando cambios significativos o inestabilidad, como la pérdida de un cliente importante o cambios en la normativa del sector, podría ser prudente centrarse en fortalecer su base antes de considerar una expansión.

La decisión de expandir o mantener la estabilidad depende de una combinación de factores, incluyendo la salud financiera, la demanda del mercado, la competencia, la capacidad operativa y el contexto económico. Es crucial que los emprendedores no se dejen llevar por la ambición de crecer rápidamente, sino que evalúen cuidadosamente todas las variables en juego. Tomar decisiones informadas y estratégicas puede determinar no solo el éxito de la expansión, sino también la salud y sostenibilidad del negocio en el largo plazo.

La expansión de un negocio puede ofrecer oportunidades significativas, pero requiere una evaluación exhaustiva y un enfoque estratégico. Identificar el momento adecuado para expandirse implica un análisis de la situación interna y externa del negocio, así como un compromiso con la planificación y la adaptación continua. Con un enfoque equilibrado, los emprendedores pueden navegar la delgada línea entre expansión y estabilidad, asegurando que su negocio no solo crezca, sino que también prospere en un entorno cambiante.